U0520460

一本书读懂财务管理

孙伟航 【著】

浙江大学出版社
·杭州·

图书在版编目（CIP）数据

一本书读懂财务管理 / 孙伟航著. -- 杭州 : 浙江大学出版社, 2025. 5. -- ISBN 978-7-308-25994-1

Ⅰ．F275-49

中国国家版本馆 CIP 数据核字第 2025B3C108 号

一本书读懂财务管理

孙伟航　著

责任编辑	顾　翔
责任校对	陈　欣
封面设计	VIOLET
出版发行	浙江大学出版社
	（杭州市天目山路148号　邮政编码310007）
	（网址：http：//www.zjupress.com）
排　　版	杭州林智广告有限公司
印　　刷	杭州钱江彩色印务有限公司
开　　本	710mm×1000mm 1/16
印　　张	17.5
字　　数	222千
版 印 次	2025年5月第1版　2025年5月第1次印刷
书　　号	ISBN 978-7-308-25994-1
定　　价	68.00元

版权所有　侵权必究　　印装差错　负责调换

浙江大学出版社市场运营中心联系方式：0571-88925591；http：//zjdxcbs.tmall.com

推荐序一

新创企业更需要普及财务知识

作为一家创业公司的创始人,这几年来,我深刻地体会到,在创业公司,财务知识的普及对于管理团队是多么重要。

与那些成熟的大企业相比,创业公司无论在远期战略层面还是近期目标方面,都存在很大的不确定性。在做出任何决策前,比如预测销售目标、制订招聘计划、调整营销费用等,财务指标都将是最有力的支撑。如果没有财务指标的支撑,做决策就变成了"摸着石头过河",现金流的风险骤增。

创业者必须懂得基本的财务知识,新创企业的管理层还要更深入地了解如何制定财务指标、分析财务数据。有些创业者以为,把这些事交给自己的CFO

（Cheif Financial Officer，首席财务官）去做就好了，然而，事实上，任何公司的决策都是一个团队共同完成的，CFO眼中的财务指标，和COO（Chief Operating Officer，首席运营官）眼中的运营指标、CEO（Chief Executive Officer，首席执行官）眼中的整体战略架构之间，一定会存在某些冲突。试想，当CFO用最专业的财务术语阐述他的决策依据时，如果其他高管完全不了解财务知识，团队的沟通效率就将极大地降低，决策效果也可能与初衷存在偏差。

财务指标对于新创企业还有更重要的意义。当企业进入快速扩张阶段，急需融资，或当企业在制订员工激励计划、分配股权期权时，如果大家对于财务数据的理解存在偏差，将极大地影响企业未来的发展。

所以，非常高兴能看到这样一本可读性极强的财务知识工具书，尤其是对于新创企业的管理者而言，它更加值得常备在案头。

特别有意思的是，作者在本书中用了大量通俗易懂的场景式语言，把那些在非专业人士眼中如天书一般的财务术语，以及公司在运营过程中经常会遇到的财务问题做了非常形象化的表达。在解读财务基础知识的同时，还向读者传递了很多做企业、做事、做人的方法。比如，作者认为，财务人员的基本素养中必须有商业意识和大局观，财务人员对行业、市场、国家政策都要有所了解。

市面上讲述财务知识的书籍比比皆是，但这一本确实独树一帜，令人耳目一新。

优客工场、共享际创始人兼董事长　毛大庆

推荐序二

财务如何创造价值

接到伟航发来的书稿时，我真为她高兴，她一直都在努力。

书稿行文依然流畅自然，在幽默的言语和故事中融入了财务知识，让读者在不知不觉中学会了财务本领，这可算是本书最大的特点了。

在我们的工作中，相信很多非财务人员都很不乐意和财务部门打交道，觉得他们事儿多、固执、难沟通，一个说不通，一个听不懂。对于如何把专业的财务术语说得简单易懂，如何听懂晦涩的财务表述，这本书恰到好处地给读者提供了帮助。

作者用八章介绍了我们不可不知的财务管理知识。前三章着眼于看到财务报表时要如何分析和解读，如何从中了解到公司的财务状况并对其进行评估，找到其中可能存在的问题；后五章则讲述了如何运用财务管理工具解决遇到的具体问题。

作者通过这样的方式向大家传递财务的思维方式，以及用财务的思维解决企业实际问题，甚至生活中遇到的难题的方法。

如果说财务会计是面向过去的，是对钱花到哪儿去了的记录；那么财务管理就是一门面向未来的，研究如何花钱才能让钱生钱的艺术。书中提到的部分财务管理方式对大家而言可能并不陌生，比如财务比率分析、投融资决策等，而有的则可能仅仅是听说过，不知道具体应该如何操作，比如平衡计分卡、流程改进、内部控制制度建设、全面预算等。书中以情景化的方式讲解了这些管理工具的具体应用方法，希望能捅破理论与实务之间的窗户纸。

然而财务管理并没有标准答案，每个企业都有着自己的独特性，很多时候大家遇到问题都不会自动分类，上来就说"我是投融资决策问题"或者"我是财务比例分析问题"，大家往往需要先识别出所面对的具体是哪一类问题，然后再针对具体的情况选择不同的财务管理工具，组合起来使用。实务问题的复杂性决定了我们不可能通过背下几个场景及对应的方法来解决所有问题。因此，财务人员不能偏居财务室一隅，满足于掌握更多的财务管理技术，而要打开自己的眼界，掌握财务管理背后的思维方式。

希望本书能够成为管理者了解财务管理知识的入门读物以及财务人员的进阶教程，希望能对大家有所帮助和启发。

《新理财》杂志社社长　马靖昊

再版序

"日月忽其不淹兮,春与秋其代序。"

暑去秋来,斗转星移,岁月就像一位充满智慧的老人,静静地见证着人世间的变迁与更迭,见证着生命的成长与老去。云卷云舒间,越过风和日暖的春、骄阳似火的夏、丰收喜悦的秋、林寒涧肃的冬,季节交替上演,不急也不缓,丰富着我们的记忆和情感。

转眼之间,这本书第一次与大家见面已是四年前的事了。在 2020 年年初,我们正与人类历史上从未遇到过的病毒相遇,全国上下一起经历并参与了这场没有硝烟的战斗。天地或有反常之时,但"否终则倾,何可长也"。只要始终保持热爱生命的信念以及希望,就可能迎来转机。

我们每个人都是英雄。

正是这场新冠疫情,让我们有了反思的机会。更多的企业经营者与管理者面对这突如其来的疫情,不得不停下脚步思考,到底要如何管理企业。这使得越来越多的人意识到，在发展企业的同时更要注重管理，尤其是财务管理。这里的财务管理不仅是对财务的管理，也是财务人员对企业的管理。吾日三省，"苟日新，日日新，又日新"。于是更多的人将目光放在了企业财务管理上，而《一本书读懂财务管理》正是要帮助企业了解什么是财务管理，以及如何进行财务管理的；在众多的财务指标中，哪些财务指标才是对经营企业有着实质性帮助的，又有哪些财务数据才是需要企业管理层特别注意的；面对千变万化的经营情况，企业要如何在信息茧房中抽丝剥茧，做出正确的决策。

这本书自上架以来，得到了读者朋友们的认可与喜爱。很感谢读者朋友们的积极反馈和厚爱，借着再版之机，我在书中添加了关于合同审查的章节，希望能给诸多财务同仁以帮助，也希望可以帮助更多企业经营者。可能有些读者朋友会感到奇怪：为什么要在讲述财务管理的书中加入合同审查的章节呢？合同审查不是法务的事情吗？

在实务工作中，有些财务同仁可能会有遇到领导交付合同，让其审查合同中与财务相关内容的情景。这时财务人员往往会感到无从下手，不知道需要审查什么，于是就会选择对合同涉及的公司收款银行账号、开票信息中涉及的公司全称以及社会统一信用代码等进行复核。这样不仅没有起到合同审查的作用，还增加了财务工作的风险。财务工作是综合性非常强的工作，但其往往又有着滞后性，财务数据的产生皆因业务而起，而业务的性质又取决于合同的订立，同时业务又影响了税务的处理。可见合同对财务的影响及重要性。于是在本书中，我将在财务工作中可能会遇到的几种常见合同进行了介绍，并讲述了审查合同的思维逻辑和方法技巧，以期可以帮助更多的财务同仁。

财务，从来不仅仅是记账人员；财务管理，也不仅仅是对财务的管理。

这是一个日新月异的行业，也是一个不断学习的行业。新的商业模式不断出现，互联网技术不断更迭，对财务的冲击也越来越显著。财务人员不仅要提升自己的专业技能，更要有企业经营的大局观。站在财务的角度去看待财务工作，就永远只能是一名财务工作者，而不是财务管理者。只有守正不挠，精进不已，才能不断拓宽自己的舒适区。

孙伟航

2025 年春

自序

本书为《一本书掌握会计实务》的续篇。在上一本书中，财务灵樨跟着林正东和刘洋创立林氏商贸有限公司，并带着出纳员安小米和会计员夏朵朵进行一家公司从初创到日常经营的会计核算工作。在此过程中，灵樨教会了小米和朵朵一家公司如何建账，公司的日常经营如何形成会计核算，如何发工资算社保，如何出具报表，如何报税，等等。

灵樨、林正东和刘洋组成的"铁三角"让林氏商贸有限公司稳扎稳打，闯出了一片天地，并迅速积累了一批客户。办公室文员小王和业务员小张也隐隐地感觉到了公司扩充的脚步给他们带来的机会与压力，也暗自报名参加了几门自我提升的课程。这年头，谁不是在背后偷偷地用着功？靠一门手艺"吃到老"的时代已一去不复返。谁敢不怀揣几本秘籍就闯荡江湖呢？

林氏商贸有限公司想要不被"江湖"吞噬，就得顺势而为。公司业务越来越多，涉及的财务操作也越来越多，神秘的财务在公司的经营中随处可见，转型、开展新业务、购买新设备等，既要保证前方的"开疆辟土"，又要保证后方的"安宁给力"。

小米和朵朵能从中学到什么，又是如何跟着灵樨"打怪升级"的？

在这本书里，灵樨先让她俩明白了作为一名合格的财务人员，只具备会计核算能力是不足以应付财务工作的，还要提升自己的财务管理能力，只有将财务管理知识渗透到财务工作中，才能使自我成长和企业发展相辅相成。

硬件具备了，软件也要跟上。首先，沟通能力不可小觑。会说话、说对话，对于需要和每个部门打交道的财务部来说是如"外挂"般的存在。其次，搞清楚货币的资金价值，才能明白资金的含义。灵樨不仅告诉她俩资金的价值，还告诉她俩如何给资本定价。再次，公司经营离不开经济活动，这些活动如何在财务中体现，形成数字后又该怎么分析？这不仅是财务人员要明白的，更是公司经营者应该知道的。最后，怎么做决策，又如何做预测，里面有着怎样的诀窍？灵樨用幽默轻松的语言娓娓道来。其间，她也让林正东了解了内部控制的重要性，改变了他对财务的一些偏见，学会了用财务的思维去看待业务。逻辑思维一旦建立，工作就事半功倍了。

从报表到预算再到报表，财务工作就像一个轮回，每一道都是循环向上的进阶。当然，这本书仍然有很多不足、很多不完美之处，但"愚人千虑，必有一得"，希望本书能有"一得之处"带给大家。最后，感谢所有为此书付出努力的人，是你们的付出成就了此书。

目录

引　子　/ 001

01 千里之行，始于足下

说得清楚，才能干得漂亮　　/ 005

财务管理是什么　　/ 014

你肩上的职责是什么　　/ 017

时间很值钱　　/ 020

年金那些事　　/ 024

还是年金那些事　　/ 027

再说年金　　/ 029

冒险王和胆小鬼　　/ 034

给资产定个价　　/ 039

02 财务报告的秘密

财务报表说了什么　　/ 045

资产负债表　　/ 049

一本书读懂财务管理

利润表 / 061

现金流量表 / 068

所有者权益变动表 / 075

财务报表附注 / 078

03 数据要怎么分析

基本财务分析 / 085

短期偿付能力分析 / 089

长期偿债能力分析 / 094

营运能力分析 / 099

盈利能力分析 / 103

利润表中的盈利能力分析 / 107

分析要兼听不偏信 / 110

04 怎么做财务预测

需要多少资金 / 115

预测一下销售额吧 / 120

加急加急，客户要追加订单 / 125

最高报价是多少 / 130

能获得多少利润 / 135

目 录

05 怎么做财务决策

卖多少钱才够本 / 143

这个部门要不要留下 / 148

该换设备了 / 154

这个项目该不该投 / 160

是融资还是借款 / 169

06 做好公司的财务管理

成本的外衣 / 179

分部的经理不乐意了 / 185

巧用平衡计分卡 / 189

让应收账款赢利 / 194

改进财务流程 / 200

07 不可或缺的内部控制

内控不是领导签个字那么简单 / 207

成立审计委员会 / 213

什么时候做内控 / 218

信息系统闹脾气了 / 221

审一审合同吧 / 224

08 预算管理怎么做

来一个全面预算吧 / 237

如何编制预算 / 240

该用哪种方法编制预算 / 243

什么样的预算表才好用 / 246

预算不是数字加表格 / 262

引子

经过两年的工作,小米和朵朵都成长了不少,在一般情况下,做正常的财务核算已经没有问题了。两个人配合默契,工作也能独当一面。灵樨出差的时候,也很少接到她俩的"夺命连环 call"了。时间就这样静静地流逝着,但灵樨觉得,时代的脚步越来越快,科技的更迭换代让她越来越深刻地体会到将被时代抛弃的危机感,她在不断完善自己的同时,也敦促小米和朵朵不要安于现状。财务工作就是个不断学习的过程,经营模式、经济环境、政策法规等都在随着经济的发展而变化,特别是随着计算机信息技术的飞速发展,全球环境都在进行数智化更迭,故步自封、裹足不前的人很快就会被时代所抛弃。

小米和朵朵在潜移默化中也渐渐有了危机感,不再满足于现在的财务核算工作。

"灵樨姐,我觉得我要被 AI(人工智能)代替了。"小米看到灵樨拿着杯子去茶水间,走上前抱着灵樨的胳噼嘟囔，"你看朋友圈里又在发某某公司引进了智能机器人，我现在去银行都是机器人在接待我，以前亲切友善的大堂经理一见我笑得像朵花，现在是呆萌的机器人问我'您需要什么帮助？'。"

　　"嗯，就是，以前谁出门敢不带现金？现在 10 个里有 9 个包里没装现金。"朵朵点头附和着。

　　"灵樨姐你喝这个，我刚刚点的外卖。"小米递上一杯网红果茶。

　　"嗯，现在科技的发展速度确实很快，AI 也给我们的生活带来了很多方便，越来越多的公司财报都是机器人出的。"灵樨接过小米递过来的果茶，继续说道，"四大（投行）引进了财务机器人，它们效率惊人，7×24 小时工作，还不要五险一金，将财务人员从大量的重复劳动中解放出来，会计初始入账、填开发票、填制凭证等，它们都可以完成。"

　　"感觉我已经可有可无了，你看机器人做的都是我的工作。"小米沮丧地说。

　　"那你就多学习，做到不可替代。"朵朵给了小米一个奋发图强的表情。

　　"还请灵樨姐不吝赐教，"小米顺势揖了个礼，"学得手艺，我也可以来个创业项目——共享财务。"

　　"当上 CFO，嫁个高富帅，从此走上人生巅峰。"

　　"你们确实不应被财务核算所羁绊，也该学学财务管理了，多从管理的角度去思考自己的工作。要做到不可替代，你们要走的路还很多，比如——说话。"

01 千里之行，始于足下

说得清楚，才能干得漂亮

有时候，我们是什么人，就应该说什么话。但有时候却反过来，我们说什么话，我们就是什么样的人。说话，这么简单的事，却透着人生的禅机。说到底，不管是在职场中还是在生活中，你说的话，其实就体现了别人眼中的你。人有千面，语有千言。场合不同，说话的方式也不同；对话的人不同，所说的话也就不同。

会计，有时被称为专业人士，有时被称作"算账的"。有的会计在公司的地位举足轻重，有的却常常被忽视。同样一件事，你说和他说的差别为什么会这么大，效果为什么会截然不同？你可能会认为是职位的问题，但你有没有想过，也许是因为你说话的方式不对呢？

人们通常都以自己的利益为出发点来判断事物的对错。沟通时，把利益放在前面，讲话才更有效。

"故知之始于己，自知而后知人也。"

每一个公司都是由不同的人组成的，而每一个人都是变量。对每件事，不同的人有不同的处理方式。有些人喜欢简单直接的结果，有些人喜欢看推理过程。财务不但要面对部门内的同事，还要面对部门外的同事，甚至公司外的客户、政府等，处理各种社会关系。说白了，还是与人打交道。

要让别人接受你的话，就要懂得使用说话的技巧，先说、后说、正说、反说，要看人、看事、看所处的环境，还要看对方的心情，把握谈话的节奏。《鬼谷子》有言："观阴阳之开阖以名命物，知存亡之门户；筹策万类之终始，达人心之理；见变化之朕焉，而守司其门户。"意思是：通过观察阴阳、分合等现象的变化来对事物进行辨别，并进一步了解和掌握事物存亡的途径；推算和预测事物的发展过程，通晓人们心理变化的规律；及时发现事物发展变化的征兆，从而把握和利用事物发展变化的关键。

一位专业的财务人员，一定要明白如何表达清楚自己想表达的观点，让对方明白并接受。

首先，财务主管与老板沟通要内通外达，多确认、多汇报、多跟进，这才是关键。

国外公司的 CEO 大都是 CFO 出身，与他们沟通很少会存在专业壁垒，你不用担心随口说出的专业术语他们听不懂。反之他们很可能会给出让你意想不到的思考方向。而国内公司大多是业务主导财务，财务处于弱势地位。没有话语权，也就没有主动权。再加上沟通不到位，不会说话，矛盾自然就形成了。会说话、说对话，就能起到事半功倍的效果了。

面对老板，你的讲话方式一定要简单明了，一句话能说明白就不要说两句，更不要因怕冷场而反反复复地说一些废话。提供的数据一定要准确无误，财务报告更要简明扼要、条理清晰。对于问题，给出方案 A、B、C、D 并附上各自的优缺点，老板自然会做选择。要隐秘地引导，而不是直接替老板做决定，除非你遇上的是一个优柔寡断、没有主见的老板。

日常的汇报也要突出重点，对口径和切入点，既要站在老板的位置去思考，也要站在职工的角度去琢磨。对老板不要一味地顺从，也不要一味地对抗。老板请你来是解决问题的，不是听你上政策法规课的，更不是听你指挥的。

比如，公司长年租赁办公楼，时不时会被房东不客气地涨房租，老板考虑不如干脆买一幢办公楼算了，既能解决租房办公的问题，也能对抗通货膨胀带来的货币贬值。老板问你：应该以公司的名义购买还是以股东个人的名义购买办公楼？

其实老板想问的是，哪种方式缴税最少，对自己最有利。

这世上没有真正的双赢，所谓的双赢只是对各自利益的让步并且结果在自己的可接受范围内罢了。

不管以谁的名义购买办公楼，都是要缴税的。本杰明·富兰克林说过："人的一生有两件事是不可避免的，死亡和纳税。"这是首先要明确的，并不是只有公司才需要缴税。涉及这类问题，还是拿出专业水平吧，别想当然地一口给出答案。不妨写一个有理有据的报告，避免因过于冗长而让老板头晕耳鸣。

第一步，我们需解决买入办公楼的最优方式；第二步，要考虑现金流的问题。

我们分别分析一下两种购买方式所涉及的税收法律法规。

1. 以公司的名义购入办公楼

公司可将其作为固定资产入账，此时，增加公司的固定资产，相应地减少公司的流动资金或增加公司的负债（借/贷款）。购入的固定资产可以按照取得的增值税专用发票进行抵扣，抵扣税率为9%。根据财政部、税务总局、海关总署三部门联合发布的《关于深化增值税改革有关政策的公告》，2019

年 4 月 1 日以后原 10% 税率下调为 9%，取消分两年抵扣的规定。

2. 以股东个人的名义购入办公楼

公司不能将其作为固定资产入账，购买的办公楼属于股东的个人财产，此时公司可以从股东这里租入办公楼，抵扣 5% 的增值税。

而股东个人出租自己的非住房房产，则要缴纳 5% 的增值税，以及相应的增值税附加税，另外还有 12% 的房产税、0.1% 的印花税和 20% 的个人所得税等。[①]

当然，股东购买除了自己掏钱外，很有可能是以借款的方式从公司借款，那势必存在被征收个人所得税的风险。

《财政部 国家税务总局关于规范个人投资者个人所得税征收管理的通知》规定："纳税年度内个人投资者从其投资企业（个人独资企业、合伙企业除外）借款，在该纳税年度终了后既不归还，又未用于企业生产经营的，其未归还的借款可视为企业对个人投资者的红利分配，依照'利息、股息、红利所得'项目计征个人所得税。"利息、股息、红利适用 20% 的税率。

对于这一点，股东还款可以采用两种方式：一是与公司签订借款协议，约定还款方式和借款期限，并约定按同期银行借款利率支付借款利息；二是年末

[①]《纳税人提供不动产经营租赁服务增值税征收管理暂行办法》规定：其他个人出租不动产（不含住房），按照 5% 的征收率计算应纳税额，向不动产所在地主管地税机关申报纳税。

根据《营业税改征增值税试点实施办法》和《中华人民共和国印花税法》：作为出租者——股东本人，因出租的为非住房，除按租金收入缴纳 5% 的增值税外，还需要按增值税的 7%、3%、2% 分别缴纳城建税、教育费附加和地方教育费附加，按租金收入 12% 的税率缴纳房产税，按照 0.1% 的税率缴纳印花税。

按财产租赁所得缴纳个人所得税：根据《中华人民共和国个人所得税法实施条例》第六条第七款，财产租赁所得，是指个人出租不动产、机器设备、车船以及其他财产取得的所得。财产租赁所得适用 20% 的税率。

及时按协议约定比例归还借款。

3. 总结

（1）以股东的名义购买办公楼，股东从公司借款，公司向股东支付租金，股东按借款协议归还借款，即使以这种方式作为变相分红，所缴纳的总税金也会远高于直接分红的方式。

（2）降低公司税负方面，以公司名义购买办公楼的税率远低于以股东名义购买。

（3）现金流方面，以公司名义购买办公楼，可以采用向金融机构或非金融机构借款或贷款的方式融资，将公司固有资金用于更优的投资方向，以提高资金利润率，这种方式优于全额支付现金的方式。

（4）第三种方法，可以以公司名义融资租赁的方式购入办公楼，同样可以抵扣9%的税率。

"纸上得来终觉浅"，理论上的数据并不一定符合老板的内心想法。千万别逞能，合理避税和逃税是两个概念，只有在政策法规内把该用的政策用足，才是合理避税。

其次，对下属，既要恩威并施，也要耐心细致，更要成为随时上线的"移动百科全书"。要掌握工作技巧，不能一味地把工作都推给下属，也不能全都揽在自己身上。有积极上进的下属，也有不思进取的下属，指望一个不思进取的下属主动承担工作是不现实的，而把工作都压给积极上进的下属也是不称职的。因人而异、适时引导也是财务主管该有的本领。

别高估你下属的能力，也别低估你下属的野心。

举个最简单的例子，网络时代的付款方式多种多样，除了可以通过传统银行外，还有新型的金融机构。支付宝、微信支付、网上银行等多种支付方式既大大提高了工作效率，也节省了工作时间。但是，并不是所有的企业都使用支付宝来付款，你依然会收到支票、汇票等银行票据，你依然要使用现金支票去支取现金，做不到百分之百无现金。因为你面对的是各色各样的客户，他们也有着各色各样的需求。

对各种付款方式的到账时间你必须心中有数，比如一张转账支票的到账时间就会因为进账方式的不同而不同，你的出纳很可能只熟悉互联网付款，支票都有可能填不对——别看他手里的会计证书有不少。这时你就要耐心细致地向出纳科普支票、汇票的相关知识，而不是只吩咐他关注银行进账。

转账支票的到账时间取决于是正进账还是倒进账，当然它们两者不是把支票正过来或倒过去的区别，而是由谁在哪个银行进账的区别。

正进账是付款方填完支票后，由付款方财务人员填写进账单，到付款方开户银行办理。而倒进账是由付款方财务人员填完支票后，将支票交于收款方财务人员，由收款方财务人员填写进账单并到收款方开户银行办理。

因为正进账是由付款方银行直接付款，所以用时较短。而倒进账是由收款方银行提请付款方银行付款，所以用时会较长。

这些"快进入历史"的知识你依然要知道。

最后，与同事沟通时，要简单直接，给出规章制度，按规定解决问题，必要时给出模板。

公司里的同事总觉得财务部门最麻烦，领导都签字了，财务部门还是以各种理由各种卡，又不是你家的钱，嘚瑟什么？

每个财务人员多少都会遇到这样的同事：要不就是不把你当回事儿，把工作往你面前一扔，留下句"爱给不给，你看着办"；要不就是"我不会写，怕写错，你帮忙写吧"。哪种都够财务人员酸楚的。

左宗棠有句名言："精明不如厚道，计较不如坦诚，强势不如和善。"

这种情况最适合的解决方法就是自己随身携带"万金油"——各种相应的规章制度、流程规范等，比如报销流程、审批流程、差旅费规定、办公用品购买规定、超预算付款规定、固定资产采购规定、发票注意事项、发票查验平台……将这些日常中会遇到的情况都推送到每个员工手里。当然，画图、做出流程模板就更直观了，把公司的税号、银行账号等常用信息做成卡片发给每个员工也是一种解决方案。不过，不排除有个别"懒癌"晚期员工，那你就得多渠道、多方式提醒一下了。平时做到加说到，不给他们找"不会"的借口。

相信每个公司都会有微信群、QQ 群、公司内部论坛等，将这些资料放入公共文件夹，以方便员工随时随地查阅。另外，定时对员工进行税收相关新政培训，不仅为以后的工作推进节省了时间，也减少了很多不必要的口舌。

不要以为你懂的别人也懂，也不要以为在微信朋友圈铺天盖地地刷屏的一项税收新政策，其他人也都知道。你们拥有的不是同一个朋友圈，关注的不一定是同一个点。更不要天真地认为，新闻发布会都开几茬儿了，广场舞大妈都在谈论减税降负，还会有谁不知道税率的变化？2300 年前《庄子》就有"子非鱼，安知鱼之乐？"的哲学思辨，我们不要以自己的眼光去看待他人，不要犯这些想当然的错误。把工作做到前面，才能不给别人浪费你时间的机会。

财务人员要练就"见人说人话，见鬼说鬼话"的本事。摈弃呆板固执的形象，专业明快的形象就会体现出来。只有擅长用非财务语言解读财务数据，才能成为一个人见人爱、"花见花开"的合格财务工作者。

很多财务人员专业水平没的说，就吃亏在沟通上。一张嘴总是说不到点子上，遇到无能的领导更是不屑说话，懒得跟其沟通，不愿意抛头露面，这都是会让自己吃亏的因素。

别把自己太当回事儿，也别把自己不当回事儿。财务是弱势、高危行业，该强势就得拿出姿态。懂得说"不"是职业操守的底线。无论面对利益诱惑还是压力，守住职业操守才能立于不败之地。

《鬼谷子》言：即欲捭之贵周，即欲阖之贵密。周密之贵微，而与道相追。捭之者，料其情也；阖之者，结其诚也。

其大意是：如果想要畅所欲言，阐明自己的见解，贵在严密周详；如果想要不露心迹，隐藏自己的观点，贵在深藏不露、严守机密。这样方可谨慎地遵循客观规律的要求。之所以要畅所欲言，是为了全面了解和考察真实的情况；之所以要闭口不谈，是为了坚定和约束对方的诚心。

不论是工作还是生活，做人说话都是如此。

掌握业务的深度决定了你职业发展的高度。财务人员只坐在办公室计算数字是不能取信于公司的，即使你提供的数字无比正确，无比符合逻辑，没有业务的支撑就毫无说服力。

日本作家安本隆晴写过一本书，叫《人人都要有会计思维》。书中这样说道："会计思维是为了在竞争中获胜，产生利益，留下现金，利用会计数字来思考的方法"，"掌握顾客需求，培养企业员工，思考企业经营现状，在做决策时经常利用会计数字问自己，这在会计上有利润吗？会留下现金吗？这样持续的投入会有成果吗？……这就是会计思维"。会计思维首先是一种思考问题的视角，然后是数字的转换能力。掌握会计思维以后，就要跳出会计思维的禁锢来思考问题。

刚做会计的时候，我们接触到每一笔业务时想的都是该怎么做账，借什么项目，贷什么项目，有没有用错项目，借贷是否平衡。之后做了主管、经理，面对业务时会想，这笔业务这样做会对报表产生什么样的影响，有没有其他做法，资金是否会受到影响，什么时候需要资金，收账期有多久，有没有税务风险，会产生什么样的影响……更进一步，会想到业务部门需要什么样的财务数据支持和反馈，财务报表数据是否与公司业务相匹配，财务数据分析指标都反映了公司存在的什么情况，异常指标要如何解决，与各部门如何配合，又如何改进协调，是否有不可控的资金和税务风险，规章制度、流程操作上是否存在着漏洞，内控是否合理，外部关系上是否需要维护，年中预算是否与实际有差距，公司架构是否有调整的需要，要如何利用大数据，等等。

你会从数字里看到很多现象，这些隐藏在数字背后的状况都暴露在你会计思维的逻辑下。你急切地想将它们表达出来，可财务的语言太晦涩生硬。慢慢地，你会发现，会计思维把你禁锢在了精准的数字里。

财务笔记

跳出财务看财务，以公司发展的角度去看整个财务部，把自己的格局放大，不要局限于财务一隅，你就会发现自己之前的目光是多么短浅。

财务管理是什么

"说话做事乃立足之根本，数十载寒窗苦读的目的就是利用所学所长为自己挣得安身立命的本钱。那么，你们能说清楚什么是财务管理吗？"

灵樨话锋一转，刚才还在谆谆教导这两朵"小花"怎么在工作中安身立命呢，一眨眼工夫就出了道考题，真是人生处处是"套路"。小米一边感叹着，一边转动脑筋立马说道："财务管理就是对财务进行管理。"

"对。"灵樨给了小米一个赞。

"啊，蒙对了？我只是随口说说。"小米觉得有些不可思议。

朵朵想了很多，财务管理应该是一门管理学科，不单单指财务的管理，应该还有对公司的管理，以此来推动公司产生更多的利润。那么，什么是财务管理呢？要怎么说才能更准确地体现出财务管理的含义呢？

朵朵想了想，说道："财务管理就是让企业的利润最大化。"

"对。"灵樨对她俩的回答都给出了肯定的评价。

"你们回答得都对。这个问题可以简单地答，也可以复杂地答。但是，你们都只是回答了问题,却没有理解问题的真正含义。小米说的财务管理是对财务进行管理,我为什么说回答得正确呢?首先要明白,财务学有三个分支,分别是金融学、投资学和财务管理。这三个分支既有关系又各不相同,金融学主要研究与货币、银行和金融市场有关的问题,投资学主要涉及个人或专业投资机构的投资决策,而财务管理主要是讨论一个组织的筹资决策和内部投资决策。

"任何一个组织都需要进行财务管理,只不过管理的方法和目的各不相同罢了。就像朵朵说的,财务管理是让企业的利润最大化。那么,怎么能让企业的利润最大化呢?就是让钱生钱,财务管理就是一门研究怎么让钱生钱的学科。

"那么问题来了:究竟是拿自己的钱生钱还是拿别人的钱生钱呢?老实人亏本做生意,精明人空手套白狼——你要这么认为就太狭隘了。不管是亏本做生意还是空手套白狼,做生意是一项复杂的技术,没有老实与精明之分,只看为谁服务。从一个公司的角度来讲,让钱生钱就是将公司获得的资本投放到能够增长价值的活动中去。

"对于上市公司来说,他人的钱是股东和债权人提供的,股东和债权人越多,你服务的对象就越多。资本不是免费的午餐,公司作为资本的使用者,必须为资本的提供者提供报酬。这个报酬就是使用者用钱生钱而创造的。公司和投资人之间是委托与代理的关系,而财务管理就是平衡这种关系的手段,在为投资者创造财富的同时,也为公司创造价值,而公司的价值反过来又催生财富。这是一个不断循环的过程。所以,财务管理最终就是为了让企业的利润最大化,股东的财富最大化,以及企业的价值最大化。当然了,还有一个最完美的理想就是——相关者利益和价值最大化。"

"这么多价值最大化,企业要是个人的话,还不得累死?"小米嘟着嘴说道。

"确实，所以企业管理才会被当作一门学问来研究。"朵朵说道。

"所以，综上所述，用专业的术语总结来说，财务管理就是以公司理财为主体，以金融市场为背景，研究公司资本的取得与使用的管理学科。"灵樨总结道。

那么，作为掌管着公司经济命脉的财务部门都要做些什么呢？

> **财务笔记**
>
> 1. 财务管理就是以公司理财为主体，以金融市场为背景，研究公司资本的取得与使用的管理学科。
>
> 2. 公司价值不同于利润，利润只是新创造价值的一部分，而公司价值不仅包含了新创造的价值，还包含了公司潜在的或预期的获利能力。

你肩上的职责是什么

那么,作为掌管着公司经济命脉的财务部门,都要做些什么呢?

"CFO 的职责是什么?"灵樨问小米。

"灵樨姐,网上不都有吗?你看。"小米立马转发了一条段子给灵樨:CFO = 政治家 + 增值高手 + 消防员 + "圈钱"高手 + 好管家 + 大玩家 + 铁公鸡 + 精算师 + 评判员 + "忽悠"高手 + 电脑专家 + 替罪羊

"很形象呀,妥妥的'斜杠青年'。"

"作为一名财务经理,不单单要记好账,还要懂得从管理者的角度去考虑问题、解决问题。千军易得,一将难求。会计从业人员那么多,为什么各大公司还总是反映招不到好会计呢?

"首先,你要培养自己的商业意识。你要对自己所处的行业、市场、国家相关政策等都了如指掌,这样在做判断时才能有据可循。不要说自己现在只是一个普通的财务人员,还不用操心那些事情,那些 CFO 不是坐上了那个位子才知道那些事情的,总统也不是一生下来就是总统。你要锻炼自己的

独立判断能力，寻找自己的目标人物，看他们在遇到这样的情况时是怎么处理的，从而找到自己的不足。

"其次，你要有大局观。眼界决定你的格局，站在这个位置就只能看到这个位置的风景。出纳只会根据公司制度计算自己今天要取多少备用金，却不知道根据公司业务总结规律，灵活储备。以自己的立场去考虑领导的工作安排，以至于做出不服从领导安排的事情来，这些都是格局小的表现。风清扬在教令狐冲时说：'招数是死的，发招之人却是活的。死招数破得再妙，遇上了活招数，免不了缚手缚脚，只有任人屠戮……活学活用只是第一步。而做到出手无招，那才真是踏入了高手的境界……你的剑招使得再浑成，只要有迹可循，敌人便有隙可乘。但若你根本并无招式，敌人如何来破你的招式？'工作也一样，财务人员最忌讳不懂变通，这样也会把自己的路堵死。

"当然，领导力和认知，会帮助你成为更优秀的财务经理，但财务经理本身的工作，也不容小觑。"

"嗯嗯，就是就是，'打铁还需自身硬'，朵朵你说是吧？"小米立马赞成道。

"灵樨姐，你之前说，财务管理就是让钱生钱，那财务经理岂不是想办法让钱生钱的人？按理说，这不是业务人员的事情吗？只有业务部门开拓了市场，卖出了产品，才能有钱进账呀。"朵朵提出了自己的看法。

"不错，开拓市场、卖出产品，这确实是业务人员的事情，但这市场要怎么开拓，产品要怎么个卖法，怎么定价，这里面却渗透着财务管理的智慧。"灵樨说道。

"财务经理要解决的基本问题就是如何创造价值。而创造价值无非在两个场所实现，一个是商品市场，一个是金融市场。即如何在商品市场上进行实物资产投资，为公司未来创造价值；又如何在金融市场上筹措资本，为投资者创造价值。

"简单来说,在商品市场投资就是公司的投资决策,根据公司的战略规划确定公司资本预算,参与投资方案的财务评估——就是评估这个投资会不会赚钱。而在金融市场筹措资本就是公司的融资决策,根据公司融资需要,与商业银行或投资机构一起选择或设计各种融资工具,估算资本成本,设置资本结构和股利政策,等等。也就是用资本创造资本。

"这些就是财务经理的主要工作。换言之,财务经理就是要根据公司的战略规划和经营目标来编制和调整财务计划,制定公司的财务政策。所以,财务经理考虑的不是钱,而是战略。"

"哈哈,谈钱多伤感情呀。明白了,财务经理就像舰艇上的大副,船长说要去哪儿,大副就开到哪儿。"

啪!灵樨拍了拍小米的脑袋:"比喻欠佳,大副岂是那么没脑子的?"

"女侠手下留情,再拍会傻掉的。"小米抱拳作揖道。

"你呀!"灵樨也忍不住摇头笑道。

财务笔记

财务经理要根据公司的战略规划和经营目标编制和调整财务计划,制定公司的财务政策。

时间很值钱

"朵朵,下周就是情人节了,你别忘了送我玫瑰花呀。"小米偷偷地趴在朵朵的耳朵边嘀咕着。

"知道了知道了,我都提前订好了。你说你,非得抢男朋友的生意,把情人节硬生生过成女生友爱节。"

"唉,我们这些没有男朋友的漂亮小姐姐,怎么说也得关爱关爱自己吧。我们互助友爱,才能让自己娇艳如花呀。"

"小米,我怎么记得某人某年说要在传统情人节、白色情人节、玫瑰情人节,还有什么情人节来着?一年12个情人节,每个情人节都送我一枝花的。"灵槭走过来说道,"我好像只收到了一枝吧。"

"啊,我忘记了,补上补上,今年一起送上12枝,怎么样?"

"嗯,做财务的,怎么能不加上利息呢?"朵朵适时"补刀"。

"加利息就加利息,谁怕谁?"小米硬气地说道。

"既然说到玫瑰,我就给你们讲一个玫瑰花悬案吧。"灵槭笑着说。

"1797年3月，拿破仑同新婚妻子约瑟芬一起参观了卢森堡第一国立小学。在那里，他们受到了全校师生的热情款待，拿破仑夫妇很过意不去。在辞别的时候，拿破仑慷慨、豪爽地向该校校长送上了一束价值3金路易的玫瑰花。他说：'为了答谢贵校对我，尤其是对我夫人约瑟芬的盛情款待，我不仅今天呈上一束玫瑰花，并且在未来的日子里，只要我们法国存在一天，每年的今天我都将亲自派人送给贵校一束价值相等的玫瑰花，作为法兰西与卢森堡友谊的象征。'

"然而，事过境迁，疲于连绵不断的战争和此起彼伏的政治事件，最终惨败且被流放的拿破仑，此时已经把青年时代在卢森堡的许诺忘得一干二净，可卢森堡这个小国却把这段'欧洲巨人与卢森堡孩子亲切和睦相处的一刻'载入了史册。

"1984年年底，早已将此事忘得一干二净的法国突然接到了卢森堡的通知，要求法国政府兑现承诺，用3金路易作为一束玫瑰花的本金，以5厘的复利率结算，清偿自1798年起的这笔玫瑰花外债。要不然法国就要在各大报纸上承认，一代伟人拿破仑，是一个言而无信的人。

"法国政府认为：不就是一束玫瑰花吗？法国的一代天骄，岂可被区区小事诋毁？法国打算破财免灾，不惜重金维护拿破仑的荣誉。但是，财政部门一算，不禁吓得目瞪口呆。核算下来的本息竟高达137.55万法郎。经过一番苦思冥想，法国人只能用外交手段解决此事。他们用如下措辞获得了卢森堡公民的谅解：今后，无论在精神上还是在物质上，法国将始终不渝地对卢森堡中小学教育事业予以支持与赞助，来体现我们的拿破仑将军一言千金的玫瑰花诺言。"

"怎么会这么多，一束玫瑰花也才3金路易呀？"小米也吓得目瞪口呆了。

"这就是卢森堡所提条件的高明之处了。别看就一句话，处处有玄机。

你看他说，从 1798 年起，以 3 金路易为本金，以 5 厘为复利率结算。

"这里的关键就是复利计息，也就是我们俗称的'驴打滚''利滚利'。

"5 厘一般是指月息，折合成年利率也就是 6%。从 1798 年到 1984 年是 186 年。还要将 1798 年的金路易换算成 1984 年的法郎，虽然 20 世纪 80 年代法郎贬值得厉害，可 3 金路易并不等于 3 法郎呦。所以别看只有 3 金路易，经过时间和复利的加持，蚂蚁也能变成巨无霸。"

"嗯，就好像在围棋的第一个格子里放 1 粒麦子，第二个格子里放 2 粒麦子，第三个格子里放 4 粒麦子，第四个格子里放 16 粒麦子一样，这是几何级的翻倍呀。"朵朵不禁惊叹道。

"对，异曲同工。所以，货币是有它的时间价值的，今天的 100 元的价值一定大于一年后的 100 元的价值。即使没有通货膨胀也是如此。时间是最好的证明，期限越长，差距越大。假如我现在有一个项目，需投 100 万元，每年会有 10% 的固定年化收益，5 年后我能得到多少钱？"灵樨问道。

"第一年是 100×（1+10%）= 110 万元，第二年是 110×（1+10%）= 121 万元，第三年是……"有了前面玫瑰花的例子，小米和朵朵也意识到不能简单地估算利息了。

"本金加利息一共是 161.05 万元。"

"正确，我们可以称 161.05 万元为本利和。这就是复利终值，终值即未来值，即现在的现金相当于未来时刻的价值，我们通常用 F 表示（即 future value，意思是未来的价值）。与之相对的是现值，即现在的价值（present value），我们通常用 P 表示。

"如果说终值是用现在算未来，那么，现值就是用未来求现在。这个过程也叫折现，也就是将未来预期发生的现金按折现率调整成现在的现金，或者说为取得未来的本利和现在所需的本金。

"假如我手上的这个项目5年后想得到800万元的收益，在利率为12%的情况下，我现在要投多少钱进去？"灵梖又抛出个问题。

"刚刚的计算过程为100×（1+10%）⁵，既然是相对的，那答案是不是就是800×（1+12%）⁻⁵呢？"朵朵思考着，"灵梖姐，现在是不是需要投入453.92万元本金呢？"

"对，这就是复利现值。当然，我们不用这么麻烦地去计算，可以查询复利终值系数表和复利现值系数表。比如上面的情况，查复利终值系数表，得到在10%、5年期的情况下，复利终值系数为1.6105，则 $F = P \times (F/P, i, n)$ = 100×（F/P, 10%, 5）= 100×1.6105 = 161.05万元。同理，12%、5年期的复利现值 $P = F \times (P/F, i, n)$ = 800×（P/F, 12%, 5）= 800×0.5674 = 453.92万元。这样会节省很多时间。当然，计息期可以是年，也可以是月，还可以是季，甚至可以是日。而复利次数可以是一年一次，也可以是一季度一次。"

"哦，也就是说，小米欠的玫瑰花，就是一年复利12次。"朵朵不忘适时提醒小米要还玫瑰花债。

> **财务笔记**
>
> 1. 货币的时间价值，是指货币经历一定时间的投资和再投资所增加的价值。
>
> 2. 复利终值，是指现在特定资金按复利计算的将来一定时间的价值。具体公式为 $F = P \times (F/P, i, n)$。
>
> 3. 复利现值，是指未来一定时间的特定资金按复利计算的现在的价值。具体公式为 $P = F \times (P/F, i, n)$。

年金那些事

"苍天呀，我应该每个月把工资分出来一些存起来的。"小米开始打开手机应用查余额，"银行倒是有零存整取的业务，我前两天去银行办业务，她们拉着储户不停地推销各种理财产品。"

"银行琳琅满目的理财产品真的是让人挑花了眼呀。"朵朵也附和道。

"'横看成岭侧成峰'，风险高低各不同。哈哈哈，朵朵，我看到那些理财产品就这表情。"小米还真是张口就来。

"小米刚刚说的零存整取的本利和就是普通年金终值。"灵樨适时地给这'两小只'科普了一下。

"年金是什么呀？"小米问道。

"年金就是等额、定期的系列收支。像分期付款赊账、分期偿还贷款、发放养老金、设置奖学金、分期支付工程款等都是年金的收支形式。"灵樨解释道。

"房贷就是某种年金吧？年金还真是无所不在呀。"朵朵脑子转得快，立马想到了生活中的银行按揭业务。

"对，年金可以运用在工作、生活中的各个角落。考考你们，公司现在要上一个新项目，但是我们现在的流动资金不够。假如我们向银行借款，每年年末借100万元，借款年利率是10%，这个项目要3年才完成，那么，项目完成时我们要还银行多少钱？"

"肯定大于300万元。"小米不假思索地答道，像是答晚了得不到奖品似的。

朵朵毫不犹豫地赏了小米一个白眼："这不是废话嘛。"

"这个就是普通年金终值，$F = 100 \times \frac{(1+10\%)^3 - 1}{10\%} = 331$ 万元。这里我们也可以查年金终值系数表，我们用 A 来表示年金，$F = 100 \times (F/A, 10\%, 3) = 100 \times 3.3100 = 331$ 万元。也就是说，3年后我们连本带利要还银行331万元。"灵樨说道。

"知道了普通年金终值的算法，再问问你们，刚好我们公司有一笔1000万元的贷款，5年后到期，为了确保能按期足额还上这笔钱，我打算建立一个基金。你们说说我们每年要存入多少钱，才能在确保足额按期偿还此笔债务的前提下，保证我们的资金流高效运转？"

"又考我们呀！"小米明显被问蒙了。一入财务深似海，还真怕领导每天变着花样问问题呀！

这边朵朵已经飞快挥舞着笔开始计算了。

"由于有利息的因素，因此每年存入的钱肯定是低于200万元的，5年后就能达到1000万元。"小米看朵朵在那么认真地算，也开动脑筋想了起来。

"你们先查下5年期，10%的年金终值系数是多少。"灵樨适时地引导她们。

"6.1051。"小米答道。

"每年借 100 万元时，3 年后要还 331 万元。那 5 年后要还 1000 万元，每年要存多少呢？"灵樨让她们想想这两个问题有没有相关联的地方。

"啊，对了，倒数！1 除以 6.1051 再乘以 1000，大约是 163.80 万元。灵樨姐，每年要存 163.80 万元。"朵朵顺着灵樨的思路往下走，忽然想明白了。

"对了，每年存入 163.80 万元即可。$A = F \times \frac{i}{(1+i)^n - 1}$ = 1000 ×（A/F, 10%, 5）= 1000 ×（1/6.1051）= 163.80 万元。我们给这个基金取个名字叫偿债基金。

"同理，我们也可以为我们的设备设置一个偿债基金折旧法，每年提存较少的数额，即可在使用期满时得到设备原值。"灵樨说道。

> **财务笔记**
>
> 1. 年金是指一定时期内每隔相同时间发生相同金额的现金流量，如折旧、租金、利息、保险金等通常都是年金。
>
> 2. 普通年金终值又称后付年金，是指一定时期内，每期期末发生的等额现金流量。具体公式为 $F = A \times (F/A, i, n)$。
>
> 3. 偿债基金与普通年金终值互为倒数。具体公式为 $A = F \times (A/F, i, n)$。

还是年金那些事

"小米、朵朵,昨天林总跟我说,虽然现在咱们公司的音箱卖得挺火爆的,但目前来看公司品种较单一,如果要开发新产品的话,就要先租一台设备开发试试。前期先租 3 年的时间,年利率是 10%,对方要求每年年末支付 10 万元的租金。林总想知道我们现在要准备多少钱,你们就帮我算算吧。"灵樨趁热打铁,觉得她们俩现在完全可以解决这个问题了。

"你问现在需要多少钱?那就是现值了,前面灵樨姐说过复利现值的情况,套用一下,这就是年金现值了。"小米逐渐上了"轨道",脑子也跟着转了起来。

"对,这就是年金现值,减你一期玫瑰花。"灵樨赞许地对小米说,"年金现值 $P = A \times (P/A, i, n) = 10 \times (P/A, 10\%, 3) = 10 \times 2.4869 = 24.87$ 万元。"

小米高兴地蹦了起来:"也就是说,我们现在需准备 24.87 万元存起来,而且存款利率也需为 10%。"

"小米,假如朵朵向银行贷了 100 万元,年利率为 10%,贷款期限为 10 年,朵朵要在这 10 年内均匀地偿还这笔贷款，每年需要还多少钱？"灵楛没给小米喘息的机会，紧接着问道。

"啊！我想想。"

"还是需要运用年金现值，用倒数就算出来了。"灵楛提醒道。

那边朵朵已经算出了答案："A = P × (A/P, i, n) = 100 × (A/P, 10%, 10) = 100 × (1/6.1446) = 100 × 0.1627 = 16.27 万元。"

"这个呢，就是年资本回收额，(A/P, i, n) 就叫资本回收系数。这个资本回收系数是普通年金现值系数的倒数，它可以把普通年金现值折算为年金。如果把上面的问题改为'每年赚多少钱才够还上贷款'，你要怎么算呢？"灵楛看着小米微笑着说。

"啊？唔……"

"答案一样呀。"朵朵悄悄地给小米递了个眼色。

> **财务笔记**
>
> 1. 普通年金现值，是指一定时期内，每期期末现金流量的现值之和。也可以理解为，要在每期期末取得相等的金额，现在需要投入的金额。具体公式为 P = A × (P/A, i, n)。
>
> 2. 资本回收额，是指在给定的年限内等额回收或清偿初始投入的资本或所欠的债务。具体公式为 A = P × (A/P, i, n)。

再说年金

"朵朵,看到刘总最近开的新车了吗?"

"嗯,看到了,烈焰红,还真不像刘总的风格。"

"哈哈哈,没想到我刘哥的内心那么火热呀!"小米笑道。

"那是刘总上周新提的车,分期付款买的,每年年初还 5 万元,总共要还 6 年,银行的利率是 10%。你说假如刘总是一次性付清的话,那他需要付多少钱?"灵樰问道。

"啊?为啥要分期买车呀,怎么不付全款呢?这得多付好些利息呢!"在朵朵的意识里,一辆车对刘总来说还用不着分期付款购买,分期付款不是给银行做贡献吗?

"灵樰姐,这个我算不出来。"小米直接缴械投降。

"其实这也是年金的一种形式,叫预付年金现值,利用普通年金现值系数,期数减 1,系数加 1,就算出来了。也可以查年金现值系数表,查 ($n-1$) 期的值,然后加 1,你算算。"

"$P = A \times [(P/A, i, n-1) + 1] = 5 \times [(P/A, 10\%, 6-1) + 1] = 5 \times (3.7908 + 1) = 23.95$ 万元。"灵槟决定不难为小米了。

"哦，明白了，分期付款也是等额还款呀。年金的关键在等额，不管它怎么变化，始终是在普通年金终值和普通年金现值上变化。"朵朵恍然大悟。

"嗯，不错，孺子可教也，看来我可以提前退休了。"灵槟赞叹地看着朵朵，琢磨着可以把她好好培养起来。

"假如我未来几年想休息一下，进修、旅游、看世界，现在开始给自己制订一个年金计划，打算明年年初的时候存入一笔资金，从第 5 年起每年年末取出 10 万元，到第 10 年年末取完，在年利率 10% 的情况下，我明年年初需要一次性存入多少钱呀？"灵槟问道。

"等额，从第 5 年年末才取出，前面 4 年是没有发生支付情况的。"

"现值。"

朵朵思索着关键词。

"有了！假设从一开始就支付，然后再减去前面没有支付的 4 年，就可以求出了。"

"$P = 10 \times [(P/A, 10\%, 10) - (P/A, 10\%, 4)] = 10 \times (6.1446 - 3.1699) = 29.75$ 万元。"朵朵迅速列出了计算过程。

"不错，这个思路很清晰。这就是递延年金现值。第一期不支付，往后推移，这就是递延。你用的是扣除法，还有一种方法叫分段法。你也可以把它视为 6 期的普通年金，求出期末现值，再将此现值按复利现值计算。$P = A \times (P/A, i, n) \times (P/F, i, n) = 10 \times (P/A, 10\%, 6) \times (P/F, 10\%, 4) = 10 \times 4.3553 \times 0.6830 = 29.75$ 万元。"灵槟适当给朵朵"加了点餐"。

"嗯，可能是我先入为主了，总觉得分段法没有扣除法简单，不过我会努力多用分段法练习的。"

01 千里之行，始于足下

"理解为主。"灵樑不想一下子给她太多压力，"我们公司准备买入一处房产，有两个备选方案：一个是从现在起每年年初付 20 万元，连续付 10 年；另一个是从第 5 年后开始，每年年末付 25 万元，也是连续付 10 年。利率都为 10%，你们说选哪个方案？顺便说一下，周末带你们去迪士尼玩怎么样？"

"灵樑姐，啥都不说了，我们就'死心塌地'地跟着你干了。"小米一听要去玩，立马两眼放光，精力十足。

"马云不是说过，员工跳槽的主要原因一是钱没给够，二是心委屈了。我们公司的两朵水灵灵的小花就得宠着点呀。"灵樑其实挺喜欢她俩的，她俩一动一静，让她的生活也多姿多彩起来了。

"不过，你们得先告诉我，我们是选 A 方案呢还是选 B 方案呢？"

"当然是 A 方案了，A 方案一共才付 200 万元，B 方案得付 250 万元。"小米果断选了 A 方案。

"小米，我觉得不能这样算。你没考虑货币的时间价值。"朵朵说着，拿起笔算了起来，"在 A 方案下，$P = 20 \times (P/A, 10\%, 10) \times (1+10\%) = 20 \times 6.1446 \times 1.1 = 135.18$ 万元。在 B 方案下，$P = 25 \times (P/A, 10\%, 10) \times (P/F, 10\%, 4) = 25 \times 6.1446 \times 0.6830 = 104.92$ 万元。显然，选 B 方案比较划算。"朵朵果然说到做到。

"嗯，不错。小米，你就用扣除法再算一遍吧。"灵樑看着小米憋红的脸说道。

"透露一下，公司最近准备设立一个奖励基金，帮助公司内部的员工提升自我，每年计划颁发 10 万元给 10 名优秀员工。激动不激动？"

"哇，太棒了，我要争取当今年的优秀员工。"小米瞬间兴奋起来。

"林总念及我们财务人员的辛苦，单独给了我们财务部门一个名额。"

"林总明智。"小米适时地奉上她的赞美之词。

"不过有个条件。"灵樨笑而不语,因为接下来小米的表情肯定很丰富。

"我就知道没那么简单……"

"你们谁能告诉我,公司为了这笔奖励金要存入多少钱?在利率为10%的情况下。"

"我仿佛看到10万元在向我招手。"小米悠悠地说。

"嗯,我看到它在疯狂地笑。"

"100万元。"她俩异口同声地说。

"这算谁赢呢,要不要加试?"灵樨故意说道,"100万元是怎么来的?"

"$P = 10/10\% = 100$ 万元。"朵朵答道。

"我也是这么想的。"小米立马附和道。

"好了,这个就是永续年金现值。永续年金呢,没有终止的时间,也就没有终值,它是指无期限定额支付的年金。"

"是奖学金的不二选择。"小米适时补充道。

办公室里一片欢声笑语。

"我再教你们一个小窍门吧。"灵樨心情不错,准备了一个"大礼包"。

"查表是不是很麻烦?"

"有点,我刚刚心里还在想查错表怎么办。"朵朵悄悄地小声说道。

"打开你们的Excel,点击'公式',然后点击'财务',是不是看到很多函数?点'PV',还记得我之前问你们,假如我手上的这个项目5年后想得到800万元的收益,在利率为12%的情况下,我现在要投多少钱进去吗?"

"是不是很方便?"灵樨演示了一遍。

"哇,简直神奇呀!"小米惊呼道。

"计算终值点'FV',计算现值点'PV',计算每期等额现金流量点'PMT',

计算期数点'NPER',计算利率点'RATE'。"灵樾又说了几个常用的函数。

"CFO可都是Excel高手呀。"朵朵赞叹道。

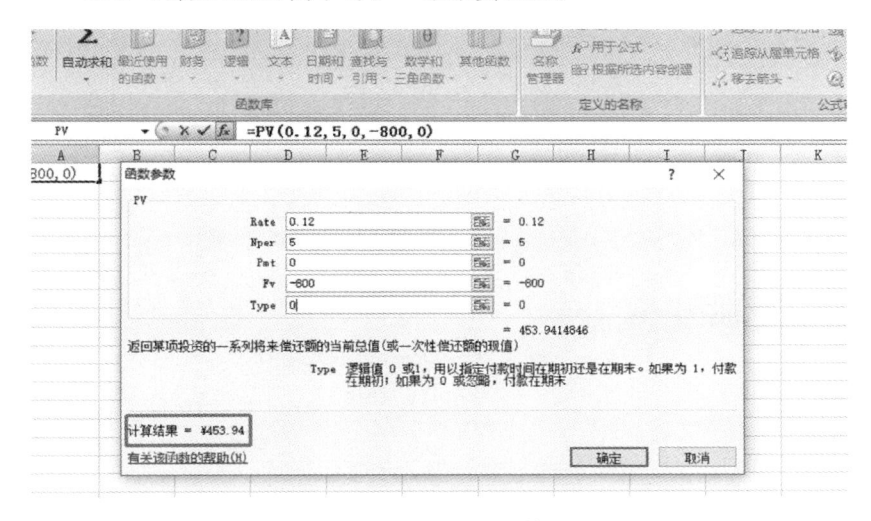

Excel中的现值计算

财务笔记

1. 预付年金是指，在每期期初支付的年金，又称即付年金或期初年金。具体公式为$P=A\times[(P/A, i, n-1)+1]$或$P=A\times(P/A, i, n)\times(1+i)$。预付年金与普通年金的差别仅在于现金流量的发生时间不同。

2. 递延年金，是指第一次支付发生在第二期或第二期以后的年金。具体公式为$P=A\times[(P/A, i, n)-(P/A, i, m)]$，其中$m$表示递延期。

3. 永续年金是指无期限定额支付的年金，永续年金没有终止的时间，也就没有终值。

冒险王和胆小鬼

"灵樨姐,你看现在各大分析师都在说股市回暖的话题,你说我们是不是可以杀入股市,赚笔外快花花?"小米看到 QQ 弹窗的股市新闻,激动得热血沸腾。

"股市有风险,投资须谨慎。"朵朵适时地给小米敲敲钟,"我们还是别进去当'韭菜'了。"

"灵樨姐,你说为什么不同的股票会有不同的收益呢?你看那些买政府债券的,为什么有时候收益倒比买股票还高呢?"小米不死心。

"这问题问得好。你是觉得按理说股票的收益应该比政府债券高,因为高风险高收益,可往往事实却并非如此,是吗?"灵樨赞许地朝小米点点头。

"是呀。我也想不明白。"朵朵也提出了自己的疑惑。

"那你们觉得风险是什么?"灵樨不答反问。

"风险是发生损失的可能?"朵朵不是很肯定地答道。

"说得好。"

"风险是未知的不确定性。"小米也试着说道。

"不错。"灵榠鼓励并接着说道,"风险就是预期报酬率的不确定性。人们对未知的风险都有一定的警惕性,但是一生都逃避不了风险。我们做的任何决策都有风险,从去哪儿旅行、乘坐什么交通工具,到是要跳槽还是要创业,都有风险存在。可换个角度看,风险也伴随着机会。我们常说'富贵险中求',风险不仅可能带来超出预期的损失,也可能带来超出预期的收益。只要能减少风险,就很有可能增加收益。"

"嗯,这个我明白,像我们买保险,说白了就是为了减少风险,保险公司的赔付会降低我们承担风险的压力。"朵朵说道。

"对,相应的,作为财务人员,对于公司的财务活动,不仅要管理风险,还要获取增加企业价值的机会。要明白,与收益相关的风险,才是财务管理中所说的风险。所以从财务角度来说,风险就是指资产未来实际收益相对预期收益变动的可能性和变动幅度。

"在风险管理中,我们按风险能否分散,将风险分为系统性风险与非系统性风险。无法分散掉的是系统性风险,可以分散掉的则是非系统性风险。"灵榠说道。

"灵榠姐,什么样的风险可以分散掉呢?"

"只对个别公司特有事项造成的风险,比如老板决策失误导致经营失败、员工和公司打官司要补偿、公司输掉了官司、丢掉了重要的销售合同,又比如新签订一份合同、发现了一个金矿等。这些非预期的、随机发生的就是可以分散掉的风险,也就是非系统性风险,它只对一个公司或少数公司造成影响,而不会对整个市场造成太大影响。相对应的,通货膨胀、国家破产、利率或汇率的波动、战争、政权更迭、国家政策的变化,由这类会影响所有公司的因素引起的风险就是系统性风险。这些因素是宏观方面的,会对很多的资产或公司产生影响，而且不是我们一个人、一个公司可以决定的。所以系统性风险也可以叫作'市场风险'。"灵樑解释道。

"熊市的时候大多数股票都在下跌，我们是不是可以从中看出这时的经济是在下行呢？"朵朵问道。

"严格的用词是'经济增速放缓'。"灵樑笑着说道，"一个企业可以投资一项产品，也可以投资多项产品，当投资产品多样化后，就可以相应地降低风险，我们常说'不要把鸡蛋都放在同一个篮子里'，就是这个道理。"

小米和朵朵都听入迷了。

"是否去冒风险及冒多大风险，是可以选择的。在什么时间，投资什么资产，投资多少，风险是不一样的。你们说，我们要如何去衡量风险呢？"灵樑适时问道。

"要怎么衡量？"小米一头雾水地问道。

"是说概率吗？"朵朵问道。

"确实，风险的衡量需要使用概率。概率越大，表示该事件发生的可能性越大。通常，我们一般使用期望值、标准差和标准离差率这三个指标来衡量风险。

"期望值反映预计收益的平均化，是以相应的概率为权数计算的加权平均值，但它不能直接用来衡量风险。我们实际工作中大多用预期收益率代替期望值。预期收益率就是各种可能的情况下收益率的加权平均数，根据资产未来收益水平的概率分布确定。

"标准差也叫标准离差，是以绝对数衡量决策方案的风险程度。在期望值相同的情况下：标准差越大，风险越大；标准差越小，风险越小。但是标准差是以均值为中心计算出来的，因而有时直接比较标准差是不准确的，需要剔除掉均值大小的影响。我们通常借助变化系数来比较，即标准差与均值的比（变化系数＝标准差/均值），它在比较相关事物的差异程度时，比直接比较标准差要准确些。

"标准离差率是标准差同期望值之比（标准离差率＝标准差/期望值），是以相对数反映决策方案的风险程度。在期望值不同的情况下，只能用标准离差率这一相对指标来判断其各自的风险程度。此时，标准离差率越大，风险就越高；标准离差率越小，风险就越低。"

"哇，这样是不是就可以算出风险的高低了？"小米兴奋地问道。

"对，要选低风险高收益的，就选标准离差率最低、期望收益最高的项目。不过，往往高收益也伴随着高风险，就看你是一个喜欢冒险还是喜欢岁月静好的人了。"灵樨说道。

"哈哈哈，我想'躺赢'。"小米大笑着说。

"那你多拜拜锦鲤。"灵樨敲了小米一下头。

"那我们是不是可以规避掉一些风险呢？"朵朵问道。

"当然，既然'明知山有虎'，又'偏向虎山行'，你就得备上几件'打虎神器'不是？"灵樨笑笑说道，"现在的信用评级机构不少，我们可以选择与信用好的企业进行合作，拒绝与不守信用的公司进行业务往来；舍弃明显亏损的项目；及时沟通，及时获取最新的信息，避免因沟通不畅、信息滞后造成损失；做充分的市场调研；做资产组合，以便分散风险；通过购买保险、增发股票、发债、拉新的合伙人入股、建立战略联盟等方式把风险转移出去……这些都可以适当地减少风险。当然，作为财务人员，你一定不能忘记计提资产减值准备这个方法。面对风险，该冒险就冒险；面对收益，该冲你就冲。"

"冲呀！"小米一笔画出来个鸭子，做了个努力向上的手势，逗得灵樨大笑不止。

财务笔记

1. 风险就是指资产未来实际收益相对预期收益变动的可能性和变动幅度。

2. 衡量风险的指标有：期望值、标准差、标准离差率。

3. 期望值反映预计收益的平均化，但不能直接用来衡量风险。期望值计算公式为：$\overline{K} = \sum_{i=1}^{N}(P_i \times K_i)$。其中：$P_i$ 为第 n 种结果出现的概率；K_i 为第 i 种结果出现的报酬率（收益率）。

4. 在期望值相同的情况下，标准差越大，风险越高。标准差计算公式为：$\sigma = \sqrt{\sum_{i=1}^{N}(K_i - \overline{K})^2 \times P_i}$。

5. 在期望值不同的情况下，标准离差率越大，风险越高。标准离差率 = 标准差 / 期望值。

给资产定个价

"灵樨姐,你快告诉我这只股票的收益率到底是多少,它的价格是如何确定的吧。"小米对股票是真爱,心心念念到现在。

"别急,让我们先感谢一下我们伟大的前辈——美国经济学家威廉·夏普(William Sharpe)。他和杰克·特雷诺(Jack Treynor)及乔恩·林特纳(Jone Lintner)在20世纪60年代一起提出了资本资产定价模型。这个模型可以帮助我们找到答案。虽然它有很多不足,但到目前为止,还没有任何一种理论可以与之相匹敌。"

"哇,这么牛呀,他都可以冲击诺贝尔奖了!"小米赞叹道。

"人家已经是诺贝尔经济学奖得主了。"

"我就说嘛,牛人必定会发光。"小米一副先知的样子,摇头晃脑地说道。

"就你歪理多,别打岔了。"朵朵推推小米,示意她安静。

"资本资产定价模型就是必要收益率=无风险收益率+风险收益率。"

$$R = R_f + \beta(R_m - R_f)$$

其中：R 为资产的必要收益率；R_f 为无风险收益率；β 为资产的系统风险系数；R_m 为市场组合收益率；$(R_m - R_f)$ 为市场风险溢价。

灵樉一边说，一边在纸上写下了公式及公式的含义。

"我们一般用国库券的收益率作为无风险收益率。市场组合收益率减去无风险收益率就是市场风险溢价，也就是市场为投资者承担的每一单位的风险而支付给他的必要收益率。市场抗风险能力越弱，市场风险溢价的数值就越大。β 的意义在于，它告诉了我们相对于市场组合而言，特定资产的系统风险是多少。β 值越大，要求的收益率越高。有点枯燥是吧？"灵樉看到她俩一脸茫然，不知所以。

"来，锻炼一下动手能力。小米要买一只股票，这只股票的系统风险系数 β 为 1.5，无风险利率为 8%，市场上所有股票的预期收益率（市场组合收益率）为 12%，小米你说这只股票的预期收益率是多少？"

"啊，朵朵你帮我算算呗。"小米拖上朵朵来帮忙，"学霸"一定能救"学渣"。

"我也很蒙呀！套公式，套公式。"学霸果然反应快。

"$R = R_f + \beta(R_m - R_f) = 8\% + 1.5 \times (12\% - 8\%) = 14\%$，是 14% 吧。"

"对，这说明，只有当这只股票的收益率达到或超过 14% 时，小米才会进行投资。

"资本资产定价模型从本质上揭示了投资收益率的内涵，解决了我们要获得多大的收益率才能补偿某一特定程度的风险这个问题。"灵樉接着说道。

"有了这个模型，我就可以独步天下了。"小米兴奋地说道。

"别急，这个模型虽好，但它有太多的假设前提了。它的假设与现实也不完全符合。在现实中，无风险资产与市场投资组合可能并不存在，用历史数据计算出来的 β 值很难准确地衡量当前或未来的风险，也无法预测所有潜在的灾难。你要完全靠它纵横股市，还得交很多'学费'。"灵樨适时地给小米打上"防疫针"，免得她一头扎进去"奉献"自己。

"灵樨姐，看来我们办公室又要多一棵'韭菜'了。"朵朵担忧地看着小米。她想着以后得多拉她去逛逛街，多给她"种种草"，省得小米手里一有闲钱就不安分，盲目地跟着一些股市"名嘴"买买买。

"你呀，先老老实实把专业知识学扎实了，才好在资本市场上乘风破浪。"小米机灵又活泼，但就是沉不下来心，灵樨总得时不时敲打一下。

"就是就是，我们连报表怎么看还没弄明白呢，多学、多看、多实践才是王道。灵樨姐，你啥时候给我们说说怎么看报表呗。"朵朵信奉"技多不压身"，用实际行动表现着求知欲。

"别急，一口吃不成个胖子，且听下回分解。"

> **财务笔记**
>
> 1. 资本资产定价模型为 $R = R_f + \beta(R_m - R_f)$。$R$ 为资产的必要收益率；R_f 为无风险收益率；β 为资产的系统风险系数；R_m 为市场组合收益率；$(R_m - R_f)$ 为市场风险溢价。
>
> 2. 风险溢价是指投资者从无风险投资转移到一个风险投资时，要求得到的额外收益。

② 财务报告的秘密

财务报表说了什么

"灵樰呀，这个月咱的经营情况怎么样？"林正东一大早就找来灵樰了解情况。这马上就到月底了，眼看着销售形势一片火爆，林正东考虑着要不要给职工发点奖励，提振一下士气。

"销量比上个月增加了15%，主要是因为春节来临，消费者的购物热情很高。"灵樰说道，顺便打开报表把几个关键的数据指给林总看。

"不瞒你说，我每次都只看你写给我的财务报告。至于这些报表，我能看懂的有限。择日不如撞日，你今天就给我科普一下吧。"

"财务界流传着一句老话，叫'几乎没有懂财务的老板，只要遇上就可以买彩票了。'"灵樰打趣道，"别看我平时给你的报表有几十张，主表也就这么4张，那我就先说这4张吧。"灵樰边说边把报表打开，拿给林总看。

"这4张表是资产负债表、利润表、现金流量表和所有者权益变动表。有些人也称所有者权益变动表为留存收益变动表，称利润表为损益表，这些只是不同的叫法而已。各用一句话来理解这4张表就是：在某一时点，公司有多少钱，分别用于哪里？这些钱又来自哪里？请找资产负债表。在一段时间内，公司赚了多少钱或者赔了多少钱？请看利润表。在一段时间内，公司的现金增加了多少或是减少了多少？就看现金流量表。而要想知道在一段时间内，公司的自有资金发生了怎样的变化，就要看所有者权益变动表了。"

"嗯。"林正东点点头，示意灵樨继续说。

"这4张表是有内在联系的，不要仅将它们看成单独的报表。先看现金流量表，期初现金与期末现金的变化就是在说现金的增减变化。那现金去哪儿了？先找利润表，看是正还是负。当然，这并不能告诉你是赔钱了还是赚钱了，你还要再看资产负债表，因为你可能购买了固定资产，也可能变卖了固定资产。钱花出去了，可能变成了资产，也可能变成了负债，你要结合其他表来分析。还有，现金流量表的变化必然体现在资产负债表或者利润表上。

"另外，在一般情况下，期初的资产负债表加上当期的利润表一定等于期末的资产负债表；而留存收益的变化也是利润表的结果，同时也体现在资产负债表中的所有者权益中。所以这4张表就是你中有我、我中有你的关系。"灵樨说到这里停了停，等林总消化一下。

"我现在有了一个大概的概念，但还不是很清晰，你接着说，我不明白的再问你。"林正东说道。

"要不我说喜欢跟你打交道呢，就喜欢你这份有什么说什么的真诚！"灵樨感慨着他们多年友情形成的默契。

"当然，财务报表并不是万能的，也不似医院里用来检查身体的核磁共振机器，可以全方位扫描公司状况。它也有自己做不到的地方，比如大部分不具有金融性质的资产账户都是按照历史成本来列报的，这也就是为什么有些人认为财务体现的都是事后的形态了。尽管人们认为采用历史成本法比较可靠——因为这些金额能够得到验证——但与公允价值或当前的市场价值来评估公司当前的财务状况相比，历史成本相关性还是相对较差的。

"不同的会计核算方法也会呈现出不同的财务结果，计算得到的净利润也是不相同的。在每次都有两种或两种以上的会计核算方法可供选择时，选择不同的方法会改变报告的结果。一定要先看报表附注！一定要先看报表附注！一定要先看报表附注！重要的事情说三遍。附注里会列明一些未能在这些报表中列示的项目的说明，还会说明所采用的核算方法、政策依据等。

"还有，像公司人力资源的价值、公司客户基础的价值等信息就不会体现在财务报表中。资产负债表不会衡量公司整体的价值，现金流量表会忽略非现金交易等，这些都是财务报表所不能及的地方。"灵檖将财务报表的内容、联系及不足一一说给林正东听，让他先对财务报表有一个全方位的认识。

"除了这些，不同的财务报表使用者，也会对财务报表有着不同的需求。"灵檖没有多做停留，接着说道。

"嗯，这个我听说过。像向银行等金融机构和向税务局等行政机构上报的报表就不同。"林正东说道。

"是的，报表还是那份报表，只是关注点不同，报表的侧重点也就不同。当然，编制财务报表的目的在于帮助决策。经营效率高的公司比较容易吸引投资者的目光，从而获得贷款，也最有可能获得更高的投资回报。进一步来讲，通过合理地将公司资源分配到最有可能获利的领域，在一定程度上也会增加公司的效益，这是公司的经营者、管理者最乐意看到的。而公司的投资人则比较关心投资能否收回及投资的回报是多少，只有公司能够保持资本，他们才能获得投资的回报。相应的，债权人则通过公司的流动性、偿债能力等指标做出判断，是提供贷款还是拒绝贷款，是维持贷款还是撤销贷款。这些也决定了报表使用者对报表数据的关注点有所不同。接下来我会一一说明，正好小米和朵朵也一再地问报表的事，也让她俩听听。"

"你对你这两个徒弟还真是挺上心的。"

"还不是为公司培养人才嘛，这叫'肥水不流外人田'。我可不信什么'外来的和尚好念经'，在公司一点一点干出来的人才更了解公司的情况。"灵樰打趣道。

> **财务笔记**
>
> 1. 资产负债表是反映某一时点财务状况的静态报表，是反映企业在资产负债表日全部资产、负债和所有者权益情况的报表。
> 2. 利润表是反映企业在一定会计期间的经营成果的财务报表。
> 3. 现金流量表是反映企业在一定会计期间内现金和现金等价物流入和流出的报表。
> 4. 所有者权益变动表是反映构成所有者权益的各组成部分当期的增减变动情况的报表。
> 5. 现金流量表的变化必然体现在资产负债表或者利润表上。
> 6. 期初的资产负债表加上当期的利润表一定等于期末的资产负债表。留存收益的变化也是利润表的结果，同时也体现在资产负债表的所有者权益中。

资产负债表

"灵樾姐,你真的要教我们怎么看报表了?"小米自从知道了灵樾要教她们怎么看报表之后就一直叽叽喳喳说个不停。

"嗯,朵朵,咱上个月的凭证是不是还没装订完呢?你看小米精力这么充沛,不如回去让她把上个月的凭证装订了吧。"

小米马上做了个在嘴上拉拉链的动作,表示她只安安静静地听,认认真真地学,老老实实地记。

"报表的基本理论和编制方法我之前已经教给你们了,忘记了的话就再去翻翻《一本书掌握会计实务》。现在电算化方便是方便,但也让你们忽略了报表编制的基本功。前面建账时把框架搭好,后面一切都是电脑自动生成,导致你们连报表都看不懂了,搞得比外行还外行。"灵樾边走边说,说话间已到了会议室。

"林总好,刘总好。"朵朵和小米看到林正东和刘洋都在,赶紧上前打招呼问声好。

灵樨则迅速地把手里的报表分发给各人。"我们先从资产负债表开始吧。"当工作伙伴们足够默契时,连开场白都是浪费时间。

"拿到这张表我们首先看一下。第一眼你会发现这张表是左右结构的,而且左右两边的总合计数相等。"灵樨指着表说道,"这就是那句亘古不变的会计原理:资产=负债+所有者权益。"

"这就是我们要看的第一个数,从这个总计数我们可以知道公司的资产总额是多少,这家公司的规模大小,还可以看到它们都是由什么构成的。另外,这张表的左边告诉我们资金的去向,右边告诉我们资金的来源。也就是说,资产负债表的左半边占用资金,右半边提供资金。这就告诉我们,这家公司的资本是从哪里来的,是股东投入还是借债,股东又是怎么构成的。"

资产负债表

编制单位:林氏商贸有限公司　　2024年4月30日

会企01表　单位:元

项目	行次	期末余额	上年年末余额	项目	行次	期末余额	上年年末余额
流动资产:	1	—	—	流动负债:	47	—	—
货币资金	2	256,246	236,336	短期借款	48	—	—
其中:1.库存现金	3	5,100	3,500	交易性金融负债	49	—	—
2.银行存款	4	149,880	160,766	衍生金融负债	50	—	—
3.其他货币资金	5	101,266	72,070	应付票据	51	—	—
交易性金融资产	6	—	—	应付账款	52	310,000	300,000
衍生金融资产	7	—	—	预收款项	53	—	—
应收票据	8	100,000	—	合同负债	54	—	—
应收账款	9	380,000	330,000	应付职工薪酬	55	105,500	80,000
应收账款融资	10	—	—	其中:应付工资	56	95,000	73,000
其他应收款	11	10,000	—	应付福利费	57	10,500	7,000
预付款项	12	—	—	应交税费	58	12,500	15,000
存货	13	178,200	260,000	其中:应交税金	59	12,000	14,580
其中:原材料	14	—	—	其他应付款	60	4,500	—
库存商品(产成品)	15	178,200	260,000	持有待售负债	61	—	—
合同资产	16	—	—	一年内到期的非流动负债	62	—	—
持有待售资产	17	—	—	其他流动负债	63	—	—
一年内到期的非流动资产	18	—	—	流动负债合计	64	432,500	395,000
其他流动资产	19	—	—	非流动负债:	65	—	—

续表

项　　目	行次	期末余额	上年年末余额	项　　目	行次	期末余额	上年年末余额
流动资产合计	20	924,446	826,336	长期借款	66	150,000	150,000
非流动资产：	21			应付债券	67	—	—
债权投资	22	—	—	其中：优先股	68		
其他债权投资	23	—	—	永续债	69		
长期应收款	24	—	—	租赁负债	70		
长期股权投资	25	—	—	长期应付款	71		
其他权益工具投资	26			预计负债	72		
其他非流动金融资产	27			递延收益	73		
投资性房地产	28	—	—	递延所得税负债	74		
固定资产原价	29	105,880	105,880	其他非流动负债	75		
减：累计折旧	30	79,416	77,216	非流动负债合计	76	150,000	150,000
固定资产净值	31	26,464	28,664	负债合计	77	582,500	545,000
减：固定资产减值准备	32	—	—	所有者权益(股东权益)：	78		
固定资产净额	33	26,464	28,664	实收资本(股本)	79	200,000	200,000
在建工程	34	—	—	其他权益工具	80		
生产性生物资产	35			其中：优先股	81		
油气资产	36			永续债	82		
使用权资产	37			资本公积	83		
无形资产	38			减：库存股	84		
其中：土地使用权	39	—	—	其他综合收益	85		
开发支出	40			专项储备	86	—	—
商誉	41			盈余公积	87	10,000	10,000
长期待摊费用	42			未分配利润	88	158,410	100,000
递延所得税资产	43	—	—	所有者权益合计	89	368,410	310,000
其他非流动资产(其他长期资产)	44	—	—	减：资产损失	90		
非流动资产合计	45	26,464	28,664	所有者权益合计(剔除资产损失后的金额)	91	368,410	310,000
资产总计	46	950,910	855,000	负债和所有者权益总计	92	950,910	855,000

单位负责人：林正东　　　　　　财务负责人：孙灵樸　　　　　　制表人：孙灵樸

"再进一步看，左半边资产部分，又分上下两部分，上面是流动资产，下面是非流动资产，这两部分就组成了资产总计。它们是按资产变现能力的强弱排列的。流动资产能够快速变现，非流动资产主要是固定资产、无形资产等不容易快速变现的资产。包括右边的负债，也是按支付时间的长短来排列的。一年以内需支付的就是流动负债，长于一年需支付的就是非流动负债。

"资产和负债的差额就是所有者权益了，它告诉我们股东的投入和收益是多少。当然除了收益，也可能是损失。这是我们要看的第二个数据，它能告诉我们这家公司的经营情况。"

"灵槭姐，经营情况不是利润表告诉我们的吗，怎么要看资产负债表？"小米不解地问道。

"这就体现了财务报表的内在联系了。期初的资产负债表加上当期的利润表一定等于期末的资产负债表；而留存收益的变化也是利润表的结果，同时也体现在资产负债表的所有者权益中。因此，资产负债表的所有者权益的情况能明确地告诉我们公司的经营情况。我们现在看表格左边最上面的货币资金，这是我们要看的第三个数。它告诉我们公司现在能立马调配的资金是多少，不管是红彤彤的毛爷爷还是银行卡里的数字，它都能让我们第一时间支配。这里的其他货币资金，主要就是我们公司的支付宝和微信账户里的钱。当然，除了这些，外埠存款、银行汇票存款、银行本票存款、信用卡存款、信用证保证金存款、存出投资款等也属于其他货币资金，但根据我们公司现有的业务，这些都没有涉及，因此也就可以不用考虑了。

"然后我们往下看，资产的下半部分有一个固定资产，这是我们要看的第四个数。这个数的大小直接告诉我们一家公司是轻资产企业还是重资产企业。一般制造业企业都为重资产企业，它们的固定资产数值会比较大。而商贸类、服务类企业的固定资产数就会相对小很多，我们称之为轻资产企业。

"这四个数看下来，我们就对一家公司有了一个大致的了解了。这家公司是什么样的规模，经营情况如何，现金流如何，欠款几许，资产状况如何……心里就有数了。

"接下来我们再看应收账款，它告诉我们这家公司的客户欠了公司多少钱，也告诉我们公司的经营模式，是赊销经营还是现款经营。不过，单从这个数的大小不能直接快速地判断这家公司有没有赊销，还要同时考虑货币资金数和应收账款的上期数（或期初数），因为有的公司会将自己的每一笔经营收入都通过应收账款核算，即使是现款收入。这样做的好处是公司对客户的购买力、信用度等都能非常方便快捷地得到数据，也便于后面的财务管理。有前瞻性和重视财务数据分析、财务管理的企业一般都会这样做，在建账初期就会把该项目分级设置出来，后面录制凭证时只需按客户添加就行。框架搭得好，怎么装修都好看。"

灵樑说到这里停了下来，看着小米和朵朵说道："小米、朵朵，一定要把自己变成有前瞻性的财务，别人想一步，你们要想到后面的三步、五步乃至更多，这样才能应对商场中的瞬息万变。

"这之后我们要看的是报表的右半边应付账款这个数，它告诉我们公司的欠款情况。如果应付账款数大于应收账款数，说明公司很好地利用了别人的钱在经营，而且是无息的。应收账款和应付账款的回款期（支付期）长短，直接影响着企业的资金流。

"同时也应该注意左边其他应收款和右边其他应付款下面的数，有些企业会将它们用作应收账款和应付账款的替代品。有人称它们为'百宝箱''聚宝盆'，也有人称它们为'藏污纳垢的垃圾桶'。因为很多无处安放的、不便安放的、暂时安放的资金都可能会在它们下面'安家'。

"预付款项和预收款项同样告诉我们公司在销售链中处于什么地位。预付款项多的，表示公司常常需要先付定金过去才能拿到货。预收款项多的，表示公司的产品很紧俏，根本不愁销路，以至于客户如果不先付款就拿不到货。一般处于供应链上游的企业更容易做到这一点。

"接着我们要看的是存货。它能告诉我们的太多了，这个项目同样也是操纵利润的一把好手。"

"存货还能操纵利润？"

"我为什么这么说呢？我们先来看看什么是存货。"灵樨停了一下，想了想，从基本的知识点说起。

"存货是指企业在日常活动中持有以备出售的产成品或商品、处在生产过程中的在产品、在生产过程或提供劳务过程中耗用的材料和物料等。存货包括原材料、在产品、自制半成品、产成品、商品、周转材料等。

"我们不难看出，存货是企业的资产，属于非货币性资产类，存在价值减损的可能性，因此可以计提和转回存货跌价准备。存货跌价准备影响主营业务成本，而主营业务成本又影响本年利润。

"不仅如此，发出存货的计价方法也有所不同。采用不同的存货成本流转假设，在期末结存存货与本期发出存货之间分配存货成本，就产生了不同的存货计价方法，分别有个别计价法、先进先出法、月末一次加权平均法、移动加权平均法、后进先出法、最后进价法等。由于不同的存货计价方法得出的计价结果各不相同，因此，这也将对企业的财务状况和经营成果产生一定的影响。中国的会计准则规定，企业在确定发出存货的成本时，可以采用先进先出法、加权平均法（包括月末一次加权平均法和移动加权平均法）、个别计价法，不能采取后进先出法计算。这和国际会计准则的规定一样，但美国会计准则没有禁止采用后进先出法。"

灵樨接着说道："现在我们来思考一下，在物价上涨时，这些方法是怎么影响利润的？"灵樨发现，人们自己想明白的道理，往往记忆最深。

"在物价上涨时，采用先进先出法核算，先前的成本低，先进来的先发出，此时结转的成本也会低，利润就会高；而采用后进先出法时，后面进来的成本高，而后进来的却先发出，结转的成本也会高，就会导致利润低。而在物价下降时，则相反。简单来说，后进先出法是牺牲资产负债表的方法，历史成本失真，资产负债表也失真。存货的减少使主营业务成本增加，也预示着销售活动的发生。存货的增加一定伴随着应付账款的增加或货币资金的减少。"

"灵樶姐，慢点，我脑子要死机了。"小米无法接受灵樶这一连串高密度的信息，明显跟不上脚步了。

"嗯，我们用丁字形账户图把分录画下来。"灵樶唰唰两下画起了丁字形账户图。想不明白时，用画图的方法最简洁明了。这个习惯也影响着朵朵和小米，锻炼着她俩的空间思维能力。

"进货时，

  借：库存商品
    应交税费——应交增值税（进项税额）
   贷：现金、银行存款或应付账款

"销售时，

  借：现金、银行存款或应收账款
   贷：主营业务收入
    应交税费——应交增值税（销项税额）

"同时结转成本，

  借：主营业务成本
   贷：库存商品

"进货时是①，销货时是②，同时结转成本时是③。"

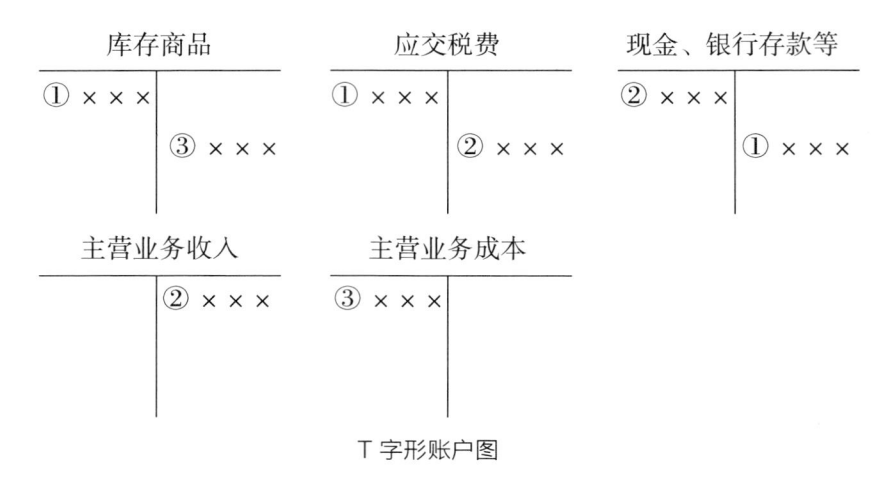

```
    库存商品              应交税费          现金、银行存款等
  ① ×××                ① ×××              ② ×××
        ③ ×××                 ② ×××              ① ×××


   主营业务收入           主营业务成本
         ② ×××          ③ ×××
```

T字形账户图

这里，灵樨圈起了"同时结转成本"这几个字，说道："有些企业人为推迟结转成本时间，以达到影响利润的目的。当然，这不是很明智的方法。如果你将资产负债表和利润表结合起来看，就会很容易发现其中的奥秘。"

"也就是说，看存货这个数，不要孤立地看，还要看货币资金、应收账款、应付账款、本年利润等，这样才能接近你想知道的真相。"林正东听了这么久，也逐渐摸到了套路。

"是的。说完了存货，流动资产的主要项目也就说完了，我们接着往下看。非流动资产里我们已经说过了固定资产。我们从表里可以看出，固定资产原价 – 累计折旧 = 固定资产净值，再减去固定资产减值准备就是固定资产净额。关于累计折旧，我们需要关注的是它的计提方法，计提方法的选用将直接影响应计提折旧总额在固定资产各使用年限之间的分配结果，从而影响各年的净利润和所得税。因此，企业在选择固定资产折旧计提方法的时候一定要合理，方法一经确定不得随意变更。但也不是打死都不变更的，方法发生变更，一定是有原因的。

"一般的折旧计提方法有年限平均法、工作量法和加速折旧法。年限平均法我们大家应该都很熟悉，因为它的使用率最高。一般没什么特别要求的企业都会使用此种方法计提折旧，因为它简单、易懂，计算起来也方便。但它也有不足。因为随着时间的推移，固定资产的磨损会加大，而维修保养费则会增高，这就形成了后期负担变重的情况。因此我们看，耳熟能详、尽人皆知的，并不一定是最好、最合理的。"

"嗯，认知偏差嘛，再加上人们的从众心理，这是人的本性。"刘洋颇认真地说道。他最近逐渐意识到，不能总用一贯的认识去看待事物，也将此观念在公司推进。

"一般机械、设备等使用工作量法，也就是按产能来折旧。而加速折旧法，也有人称之为递减折旧法，这叫法倒很形象。因为它的折旧额是逐期递减的。"

"加速折旧是不是用的时间短，折旧额大呀？"小米平时的工作也不包括计提折旧，她凭着本能按字面理解。

"并不是说折旧年限少或折旧费用高，相反，在整个固定资产预计使用年限内计提的折旧总额都是相等的。它只是将折旧费用在早期提得较多，在使用后期提得较少的一种方法。具体方法有余额递减法、双倍余额递减法、年数总和法、递减折旧率法。中国允许用双倍余额递减法和年数总和法。"

"都是提折旧，为什么说不同的计提方法会影响利润呢？"

"你别看累计折旧是算在资产这边的，但它实际是算到费用中的。当期的折旧越高，费用也就越高，相对应的利润就越低。"

"灵棋姐，你刚还说了固定资产减值，它和累计折旧不是重复了吗？"朵朵一直没想明白既然提了累计折旧，为什么还要提固定资产减值。

"这个问题问得好。固定资产减值和累计折旧是两码事。当然，固定资产减值计提的多寡也会对利润产生影响，但这并不是说固定资产减值等同于折旧。固定资产减值是从资产预期的未来经济利益的角度出发，对可收回金额与账面价值进行定期比较。当可收回金额低于账面价值时，就确认发生了固定资产减值，这时就要计提固定资产减值准备，从而调整固定资产的账面价值，以达到真实客观地反映市场实际价值的目的。企业外部环境和内部因素发生变化，就会相应地引起固定资产减值的变化。变化值是多少，这就全凭会计人员的专业水平判断了，也容易被有心人钻空子。另外，固定资产减值准备也不像折旧那样按月计提，无法被计入相关的成本费用当期，通常是在年末或指定期进行计提。"灵樨解释道，"如果企业有在建工程，就要和固定资产搭配着看才行，因为在建工程完工后是要转入固定资产的。"

"都是资产方，也没什么变化。"刘洋说道。

"这里是没有什么变化，但计入在建工程时，就不一样了，有可能会将本该费用化的资本化了，这就要影响利润了。"

"费用化、资本化？这些词好专业呀。"刘洋平时不接触这些，当然也就没明白这说的是什么意思了。

"就是本该计入费用的却计入了在建工程，等完工结转时，在建工程结转入固定资产，也就本能地将这部分费用转为了资产。"灵樨解释了一下。

"像魔术吗？"林正东问刘洋。他没等到刘洋的回答，但从刘洋的眼睛里，他已经看到了答案。

"这基本就是资产负债表中资产方需要关注的数字了。"

"灵樨，下面这个商誉倒是经常听说，怎么没听你提起？"林正东对财经倒是挺上心，也经常关注财经新闻。

"商誉只有在公司合并时才会出现，是企业合并成本与合并取得被购买方各项可辨认资产、负债公允价值份额的差额。其存在无法与企业自身分离，平时你也看不到它。

"听起来不好理解，我举个例子你就明白了。拿货币收购来说，比如我们公司要花 1300 万元买入另一家公司 85% 的股权，我们暂时叫这家公司为麦麦公司吧。当然，用的是银行存款。购买当天，麦麦公司的可辨认资产账面价值为 2800 万元，市场公允价值为 3000 万元。可辨认负债账面价值为 1000 万元，市场公允价值为 1500 万元。我们公司要怎么做财务处理呢？"

"麦麦公司的净资产公允价值为：3000 − 1500 = 1500 万元。"

"我们公司当天的投资额为：1500 × 85% = 1275 万元。"

"实际上我们花了 1300 万元，而投资额却是 1275 万元，差的 25 万元就是商誉。"

"如果我们花的不是 1300 万元，而是 2300 万元，这里商誉就会更多是吧？"刘洋问道。

"是这个理儿。"灵樨说道，"说到这里，资产负债表也说得差不多了。"

"还没说右半边呢？"小米急了，听到一半最吊胃口啦。

"另一半你先自己琢磨琢磨。"

"别呀，你让我吃 10 斤猴头菇我也没有猴子的聪明劲儿呀。"小米倒还挺有自知之明。

"资产负债表的右半边主要是负债和所有者权益。应付账款和其他应付款部分已经说了，我们要注意的是借款类，如短期借款、长期借款。不是去看它们的数字是多少，而是去想债务的性质与去向。短贷长投，这是很多企业走向灭亡的根源。如果借款来自银行，到期就需要还款。短期借款的期限一般不超过 12 个月，即使连续再借，银行也会每年换一次合同，企业还一次贷款，银行重新放一次贷款。一旦政策有变或收紧头寸，或者不巧赶上换了个行长，都有可能导致企业资金链断裂。"灵樨说道。

"以贷养贷听起来美好，但确实风险重重。"林正东点点头说道。

"所以一定要看它的去向，买入了什么。举债买入与经营不相关的，或者低利润、长周期的，都是在增加企业的风险。尤其是在并购公司时，为了跟风而买了个'炸弹'进来，会直接'葬送'了公司。不论是自有资金买进还是举债买进，后期都需要极高的维护成本，很容易将好公司拖死。

"负债类的操作难度系数较高，因为公司没办法自己和自己玩借贷，需要和第三方协作。

"最下面的所有者权益，就是公司股东的投入资本与经营成果了，未分配利润和盈余公积都是公司的收益。当然，这里说的是未分配利润的数字前面不带负号的情况。"

"呵呵。"大家会心地笑了。

> **财务笔记**
>
> 1. 存货是指企业在日常活动中持有以备出售的产成品或商品、处在生产过程中的产品、在生产过程或提供劳务过程中耗用的材料和物料等。存货包括原材料、在产品、自制半成品、产成品、商品、周转材料等。
>
> 2. 存货的减少一定是主营业务成本的增加，也预示着销售活动的发生。存货的增加一定伴随着应付账款的增加或货币资金的减少。
>
> 3. 商誉在公司合并时才会出现，是企业合并成本与合并取得被购买方各项可辨认资产、负债公允价值份额的差额，其存在无法与企业自身分离，不具有可辨认性。

利润表

"利润表是自上而下的一张表,通过利润表我们可以计算出投资报酬率以及资金利润率等指标。"笑过之后,灵樨直接说起了利润表。

利润表

编制单位:林氏商贸有限公司　　2024 年 4 月　　　　　　会企 02 表　单位:元

项　目	行次	本期金额	上期金额
一、营业收入	1	358,740	
减:营业成本	2	209,640	
税金及附加	3	1575	
销售费用	4	102,563	
管理费用	5	24,900	
研发费用	6		
财务费用	7	2870	
加:其他收益	8	0	
投资收益(损失以"－"号填列)	9	0	
其中:对联营企业和合营企业的投资收益	10		

续表

项 目	行次	本期金额	上期金额
以摊余成本计量的金融资产终止确认收益（损失以"-"号填列）	11		
净敞口套期收益（损失以"-"填列）	12		
公允价值变动收益（损失以"-"号填列）	13		
信用减值损失（损失以"-"号填列）	14		
资产减值损失（损失以"-"号填列）	15		
资产处置收益（损失以"-"号填列）	16		
二、营业利润（亏损以"-"号填列）	17	17,192	
加：营业外收入	18		
减：营业外支出	19		
三、利润总额（亏损总额以"-"号填列）	20	17,192	
减：所得税费用	21	1,719.20	
四、净利润（净亏损以"-"号填列）	22	15,472.80	
（一）持续经营净利润（净亏损以"-"号填列）	23	15,472	
（二）终止经营净利润（净亏损以"-"号填列）	24		
五、其他综合收益的税后净额	25		
（一）不能重分类进损益的其他综合收益	26		
1.重新计算设定受益计划变动额	27		
2.权益法下不能转损益的其他综合收益	28		
3.其他权益工具投资公允价值变动	29		
4.企业自身信用风险公允价值变动	30		
……	31		
（二）将重分类进损益的其他综合收益	32		
1.权益法下可转损益的其他综合收益	33		
2.其他债权投资公允价值变动	34		
3.金融资产重分类计入其他综合收益的金额	35		
4.其他债权投资信用减值准备	36		
5.现金流量套期储备	37		

续表

项　　目	行次	本期金额	上期金额
6. 外币财务报表折算差额	38		
……	39		
六、综合收益总额	40	15,472.80	
七、每股收益：	41		
（一）基本每股收益	42		
（二）稀释每股收益	43		

单位负责人：林正东　　　　财务负责人：孙灵樱　　　　制表人：孙灵樱

"我们一般习惯先看利润总额这个数，它能第一时间告诉我们一家企业在一段时间内是赢利还是亏损。这里强调是一段时间内。

"之后我们看收入。收入也就是我们的盈利，没有收入，一切都是空谈。营业收入包括主营业务收入和其他业务收入，主营业务收入不用过多说明了，就是我们的日常活动带来的经济利益流入，不管你是提供服务、销售商品，还是把自己的资产使用权让渡出去，这些能给我们带来钱的，都在这里反映。

"我们再看其他业务收入。主营和其他的区别：其实也就是比重的问题，主营就是主要的、基本的、经常发生的；而其他业务收入就是主营以外的，比如资产的出租，把不需要的原材料卖掉，这些业务的收入就是其他业务收入。很多人分不清它和营业外收入，其实是很好区分的，原则只有一个，看具体项目是否与日常经营活动有直接关系。有关的、占比大的，为主营业务收入；占比小的，为其他；无关的，就是营业外收入。"

"资产出租是其他业务收入，那如果把资产卖了呢？"小米问道。

"当然是营业外收入呀，你还能天天卖资产呀！"朵朵难得呛小米一回。

"我看一些公司做公司理财，购买股票债券，或者买卖房产，这些算什么收入？"对于这个问题刘洋早就想弄明白了，刚巧灵樱说到这里。

"还是那个原则，看与公司的日常经营有无直接关系，如果是房地产公司，卖房子就是你的主要经营活动，是主营业务无疑了。如果是一家服装销售公司买卖房产，这就是营业外收入了。像债务重组盈余、政府给的补助、获得了一笔捐赠、公司收的罚款、资产盘盈等，这些都是营业外收入。"灵楔索性举了一系列例子帮助他们理解。

"如果你看到在一张利润表中，营业外收入大于营业收入，那就要认真思考一下了。这家公司是不是不务正业？经营是不是出现问题了？公司性质是什么，有没有可能收到大额政府补助？如果是大量无法支付的应付账款，那就要想是什么原因了，会不会是关联交易？

"营业收入一定伴随着资产的增加或负债的减少。如果营业收入增加且增长迅速，却没有现金的流入，应收账款也没有增加，那么公司的关联方之间就可能互相开票了。主业赚钱与否，是一家公司能否健康运营的关键。

"如果营业收入未增加，但应收账款却大幅增加，这一定是企业的回款出现了问题。客户是不是逃亡失联，导致应收账款变成坏账？客户是不是改变了付款政策？客户是不是因为领导层变更导致付款延期？是个人因素还是付款政策改变？是不是公司业务理念有问题，认为销售才是他们的事，收款是财务的事？如果是这样，那就是对销售体系的理论学习太少，公司文化有待进一步发展。

"营业收入增幅不大，但存货却在连年增加，这说明公司的采购一定出现了问题，同时研发管理、制造管理也存在相应的问题，部门之间沟通质量差，各部门不配合，存货管理效率差，为了采购回扣而采购。这些都可能在报表上反映出来，数字的异常一定在告诉我们背后的真相。"

灵楔顺着收入，结合资产负债表上的相关项目交叉着说，把与收入相关的都串联了起来。她想传达的是一种思路，而不是只告诉他们这个数字是多少。举一反三，财务其实也没那么神秘。掌握从知道到理解，再到学会财的思维方式，也就是历经"看山是山，看山不是山，看山还是山"的过程。

"收入下面就是营业成本了。"

"灵梽姐，利润表上的营业收入包括主营业务收入和其他业务收入，那营业成本是不是也包括主营业务成本和其他业务成本？"朵朵问道。

"对，成本一定对应着收入。是你当期销售商品、提供劳务的成本，不是前期的，也不是后期的。收入和成本一定是配比的，如果不配比，要不就是记晚了，要不就是记早了，存在人为干预当期利润的可能性。

"每个行业的成本比例均不同，这就需要参考同行业的平均峰值了。所以财务报表分析不能只看自己的，还要看整个行业的。公司内部的贪污舞弊、采购人员的懒惰，都会造成成本的上升。

"企业销售商品、提供劳务等经营性活动所发生的成本就是主营业务成本。需要注意的是，主营业务成本和生产成本是不同的，虽然都带成本两个字。生产成本就是这段时间内生产产品所发生的直接费用和间接费用的总和。成本和费用不同，它们既有联系也有区别。成本不等于费用。费用是相对于收入而言的。当这些支出和耗费与当期收入相配比时，即计入当期损益时，才成为当期费用。费用一定与期间有关，而成本与一定的成本计算对象有关。"

"灵梽姐，我还是没明白，感觉有点云里雾里。"小米是真没听懂。

"我们举个例子。我手里拿的这支笔尚处在生产期，它在这期间所产生的成本就不能确认为费用；而在销售时，其就要确认为费用。也就是说，生产产品的生产成本，在产品没有销售前，只是在制品或者产成品，它的形态是一种资产，只有产品销售以后才能作为产品销售成本，转为当期费用。结合前面我说资产负债表时的产成品影响利润，是不是就能想明白了？"灵梽边举例边说明，有时候抽象的语言不好理解时，形象的举例可以帮助理解。

"销售费用、管理费用和财务费用统称期间费用，在利润表上是分别列示的：销售过程中发生的费用、销售人员的工资等都在销售费用中；管理费用就是企业管理部门的日常费用，如公司经费、管理人员工资、办公费等；财务费用是企业为筹集生产经营所需资金而发生的各项费用，如银行手续费、利息支出等。在销售、管理费用中，高管的工资薪金占了一大部分，这些倒是可以通过工资、股票等组合筹划，后面有机会我们再说。

"从管理的角度来说，我们就要将成本和费用分为固定成本和变动成本了。固定成本是指，成本总额在一定时期和一定业务量范围内，不受业务量增减变动影响而保持不变的成本。而固定成本又分约束性固定成本和酌量性固定成本。如果一个老板说，我们每个月得完成 8 万元的收入，那么，这 8 万元就是该公司的约束性固定成本。也就是说，公司哪怕没有一分钱收入，也得支出这些成本。而酌量性固定成本就是公司自己可以控制的，比如广告费，你可以选择在央视春晚投放广告，也可以选择在朋友圈投放广告。再比如职工培训费，你可以送员工到斯坦福大学读 MBA（工商管理硕士），也可以买培训书组织员工自学。但在利润表中，成本和费用还是要以财务会计的角度编制。"灵樨将成本从财务和管理的不同角度做了引申介绍，帮助他们理解。

"营业收入减营业成本就是我们通常所说的毛利，毛利的多少直接影响公司的盈利水平。如果毛利连管理费用都'裹不住'，那一定是商品定价不合理。毛利的提升不一定由业绩提升引起，还有可能是因为产品库存增加。

"营业利润加减营业外收支就是利润总额。营业外收入高于主营业务收入，一定是主业不赚钱，公司在另辟蹊径；如果营业外收入都是股票、债券类收益，那这家公司的可持续性发展一定是存疑的。健康的公司一定是主营业务收入持续增长，同时利用闲置资金进行投资以增加收益。利润总额为正，则需要缴纳企业所得税，扣除所得税后就是企业当期的净利润了。净利润加上资产负债表的未分配利润年初数,就是当期期末未分配利润。"灵樶总是穿插着两张表,让他们习惯立体式的阅读报表的思维方式。

"哦,原来如此,我现在才理解你前面说的期初的资产负债表加上当期的利润表一定等于期末的资产负债表是什么意思了。"小米拍着脑袋悠悠地说道,就像是小和尚得了高僧的指点顿悟了一般。

"报表要交叉着看,用立体的思维方式去解读。"灵樶总结道。

> **财务笔记**
>
> 1. 收入无论表现为资产的增加还是负债的减少,最终必然导致所有者权益的增加。
> 2. 主营业务成本是企业销售商品、提供劳务等经营性活动所发生的成本。
> 3. 销售费用是指企业在销售商品过程中发生的各项费用及为销售本企业商品而专设的销售机构的经营费用。
> 4. 管理费用是企业管理部门发生的直接管理费用。
> 5. 财务费用是企业为筹集生产经营所需资金而发生的各项费用。

现金流量表

"现金流量表是最能反映一家公司财务状况的报表。"灵槭趁热打铁，拿出现金流量表说道。

"现金流量表反映企业运用现金的灵活程度，即资产的流动性。比如你看到一家公司的利润表情况很好，净利润很高，而现金流量表却没有现金的流入，那这家公司的利润一定要好好分析一下了。某些企业能赚钱，但是依然难逃倒闭的命运。没有了现金流的企业就像没有血液的人体。"

"那岂不是成僵尸了？"小米打了个哆嗦。

"因为资金链断裂而破产的企业可不少。"林正东说道，这个问题他一直很关心，增资这个事一直萦绕在他的心头，企业越运营，越觉得钱不够用。

"现金为王。现金流量表就是告诉我们钱的问题。尤其对于刚成立的中小企业而言，现金流量表较前面的两张表更为重要。"灵槭似乎看出了林正东在想什么，"你想知道这段时间内公司现金和现金等价物流入和流出的情况，就得看现金流量表，以此为基础来评价公司获取现金的能力。另外，公司是否需要外部筹资，或公司产生的现金流量是否足以满足偿还债务和支付股利的需要，这些也都可以从现金流量表中找到答案。"

"你是说公司的回款能力？"刘洋问道。

"这是其一。比如企业进行了投资，但没能取得相应的现金回报，就会对企业的流动性、偿债能力等财务状况产生不良影响。这时分析企业的现金流量，就能判断出企业的经营周转是否顺畅。

"现金流量表披露的经营活动现金净流入本质上代表了企业创造现金的能力，尽管企业取得现金还可以通过对外筹资等途径，但债务本金的偿还最终取决于经营活动的现金净流入。因此，经营活动的现金净流入占现金总来源的比例越高，企业的财务基础就越稳固，支付能力和偿债能力也越强。一般来说，一家企业的现金流入和流出无重大异常波动，表中各项现金流量结构合理，基本上就可以说这家企业的财务状况基本良好了。"灵樨说道。

"现金我知道，就手里的钱嘛，可这现金等价物又是什么？"刘洋对刚刚听到的这个词不是很理解。

"现金不单单指手里的钱，还有银行里的存款和汇票、本票、信用证保证金等。当然，银行的定期存款不能算入，因为其不能随时支付。现金等价物就是企业持有的短期内能迅速转换为已知金额的现金、价值变动风险很小的投资。"灵樨解释道。

"短期是多久？"刘洋问道。

"3个月内。所以现金等价物虽然不是现金，但其支付能力和现金差不多，故也被视为现金。比如3个月内到期的短期债券。

"不是所有的日常经营活动都会影响现金流量，比如说从银行取现金出来，又或者拿银行存款购买了3个月内到期的国库券，还有非现金之间的增减变动 这些就不影响现金流量。

"我们一般将现金流分为三种类型：经营类、投资类和筹资类。简单来说，但凡所有影响利润表结果的现金流都为经营类现金流，资产负债表左半边的都为投资类现金流，资产负债表右半边的都为筹资类现金流。

"所以现金流量表和资产负债表及利润表是密不可分的。比如我们结合资产负债表的存货，比较销售商品提供劳务收到的现金与购买商品接受劳务支付的现金，就可以掌握公司大体的供销状况。当流出大于流入时，有可能是库存积压。当流入大于流出时，有可能是当期产品提价使收入增加；如果没有提价，则可能是在吃库存；如果资产负债表中库存正常，就要看本期是否收回了大量的应收账款。"灵樨说道。

"经营我大概知道是什么，可投资和筹资不都是一个性质吗？"刘洋对这些细分类还不太了解。

"投资和筹资说白了就是花钱和找钱。专业点说，投资活动就是企业长期资产的购建和不包括在现金等价物范围内的投资及其处置活动。而筹资活动就是导致企业资本及债务规模和构成发生变化的活动。比如公司购建固定资产、无形资产、在建工程等，又比如购买另一家公司的债券等，这些就是投资活动。而发行股票、回购股本等就是筹资活动。大多数筹资项目来自长期负债或所有者权益账户变动。换句话说，投资活动是指购买或销售固定资产、购买或销售另一家公司的证券投资；而筹资活动是指发行或赎回公司自有的权益性和债务性证券。"灵樨解释道。

"是不是只要看到净现金流量为负，就可以判断这个企业利润有问题呢？"小米问道。

"不，可不能这样理解！"灵樨急忙纠正她。

"小米这是一叶障目呀！"刘洋还是逮着机会就逗小米。

"有很多种情况都会导致净现金流量为负，比如净利润高的公司其净现金流量就可能为负。现金流量是按收付实现制编制计算的，而净利润是根据权责发生制计算的。企业的初创期、发展期、成熟期、衰退期会表现出不同的状态。

"比如在初创期，企业需要大量的资金投入，提高生产能力，开拓市场，企业就会通过举债、融资等筹资活动进行资金的补充，这时就会形成经营活动及投资活动现金净流量为负数而筹资活动现金净流量为正数的现象。"

"等到企业高速发展时，产品销量增大，资金大量回笼，企业为了扩大市场份额会大量追加投资，仅靠经营活动无法满足这么大的投资需求，必须筹集外部资金加以补充才行，这时会表现出经营活动和筹资活动现金净流量为正而投资活动现金净流量为负的特征。

"到成熟期时，产品销售稳定，已进入投资回收期，为了保持信用会有很多外部资金需要偿还，就会表现出经营活动和投资活动现金净流量为正而筹资活动现金净流量为负的特征。

"当出现市场萎缩，产品销量下降，经营活动现金流入小于流出，企业为了偿还债务不得不大规模收回投资，就会形成经营活动和筹资活动现金净流量为负、投资活动现金净流量为正的现象，这时的企业就处于衰退期了。"灵樨将企业"从生到死"的表现一一做了介绍，以便让他们心中有数，避免出现只要看见负流入就认为企业不抵债的想法。

"嗯，公司的状况还是得看其经营情况，经营是其主要的'造血器官'。推己及人，企业里经营状态良好，投资项目稳定，现金能持续流入的，就是好的企业。"林正东创业后深有感悟。

"创业不易，且行且珍惜吧。"刘洋拍拍林正东的肩说道。

"说了这么多，其实看这张表把握住两条主线即可：一是看经营活动现金流量净额与净利润的差，判断资金周转及收益情况；二是综合分析现金的产生和运用能力，从经营到投资再到筹资一步步地看。

"如果企业的现金净增加额主要是经营活动产生的，则反映出企业的回款能力强，产生坏账的可能性较小，其营销能力一般也不会差。如果现金净增加额主要是投资活动产生的，则说明企业的经营能力衰弱，从而处置资产以缓解资金压力，但也可能是企业主动进行资产结构调整，这就要结合其余表格来分析了。如果现金净增加额主要是筹资活动产生的，就意味着企业未来将会支付更多的利息或股利，它未来的现金流量净增加额要更大才能满足支付的需要，否则就要承担较大的财务风险。"灵樨进一步分析道。

"这个表还真是检验现金的神器呀。"刘洋听后不禁感叹道。

"神器只有在会用的人手里才是神器，在不会用的人手里就是破铜烂铁。"小米不忘酸他哥一把，以报刚才的"一箭之仇"。

现金流量表

会企 03 表

编制单位：林氏商贸有限公司　　2024 年 4 月　　单位：元

项　目	行次	本期金额	上期金额
一、经营活动产生的现金流量：	1	—	—
销售商品、提供劳务收到的现金	2	245,376.20	0
收到的税费返还	3	0	0
收到其他与经营活动有关的现金	4	64,826	0
经营活动现金流入小计	5	310,202.20	0
购买商品、接受劳务支付的现金	6	134,459.20	0
支付给职工以及为职工支付的现金	7	144,450	0
支付的各项税费	8	10,838	0
支付其他与经营活动有关的现金	9	545	0
经营活动现金流出小计	10	290,292.20	0
经营活动产生的现金流量净额	11	19,910	0
二、投资活动产生的现金流量：	12	—	—
收回投资收到的现金	13	0	0

续表

项　　目	行次	本期金额	上期金额
取得投资收益收到的现金	14	0	0
处置固定资产、无形资产和其他长期资产所收回的现金净额	15	0	0
处置子公司及其他营业单位收回的现金净额	16	0	0
收到其他与投资活动有关的现金	17	0	0
投资活动现金流入小计	18	0	0
购建固定资产、无形资产和其他长期资产所支付的现金	19	0	0
投资支付的现金	20	0	0
取得子公司及其他营业单位支付的现金净额	21	0	0
支付其他与投资活动有关的现金	22	0	0
投资活动现金流出小计	23	0	0
投资活动产生的现金流量净额	24	0	0
三、筹资活动产生的现金流量：	25	—	—
吸收投资收到的现金	26	0	0
取得借款收到的现金	27	0	0
收到其他与筹资活动有关的现金	28	0	0
筹资活动现金流入小计	29	0	0
偿还债务支付的现金	30	0	0
分配股利、利润或偿付利息支付的现金	31	0	0
支付其他与筹资活动有关的现金	32	0	0
筹资活动现金流出小计	33	0	0
筹资活动产生的现金流量净额	34	0	0
四、汇率变动对现金及现金等价物的影响	35	0	0
五、现金及现金等价物净增加额	36	19,910	0
加：期初现金及现金等价物余额	37	236,336	0
六、期末现金及现金等价物余额	38	256,246	0

财务笔记

1. 现金等价物的判断条件：期限短，流动性强，易于转换为已知金额的现金，价值变动风险很小。

2. 投资活动就是企业长期资产的购建和不包括在现金等价物范围内的投资及其处置活动。筹资活动就是导致企业资本及债务规模和构成发生变化的活动。

所有者权益变动表

"所有者权益变动表实际上是资产负债表中所有者权益部分的延伸，它能更清楚地告诉我们所有者权益是如何变动的，到底是因为新增了经营利润还是因为发行了新股。这张表分左右两部分，左半部分为本年数据，右半部分为上年数据。通过这张表可以看出公司连续三年的盈利情况。"灵樾说道。

"三年？"

"对，你看，右边部分上年金额的第一行，左边项目类里是不是写着'上年年末余额'，再加上年的上年，是不是就是连续三年呢？"

"嗯，难怪我每次看这张表都觉得云里雾里，这表得追踪三年呀。"朵朵对这张表真是爱不起来。

"既然是资产负债表的延伸，是不是就没那么重要了？"小米问道。

"附表的存在就是为了进一步对主表进行说明的，既然项目延伸能走到主表的地位，你说它有没有存在的必要？"

"你看网剧《延禧攻略》中魏璎珞不就是从丫鬟走到了贵妃的位置的

吗？"还是朵朵了解小米，一句话就解了小米的惑。

"我们通常也把所有者权益变动表称为股东权益变动表，通过这张表我们还可以知道公司资本结构变动是如何影响公司财务的，同时通过盈亏及股利发放的情况，也可以看出管理层是否公平地对待了所有的股东。"灵樨接着往下说。

"这张表结合了资产负债表和利润表，而且不单是当年的，还有去年的本年数据及年初数据，所以这几个数是钩稽相关的。我们看这张表通常先看股本，通过股本的变动情况可以判断出企业的财务状况。比如企业有无减资情况。如果有减资，是通过减资来弥补累计亏损，还是因为资本过剩进行了结构调整。

"资本公积的变化也是要关注的点，资本公积可以转增资本，虽然这并不能导致所有者权益总额的增加，但却可以改变企业投入资本结构，表明企业的持续发展潜力。对上市公司来说，这也能激活股价，提高股票交易量和资本的流动性。对于我们这种中小企业来说，资本增加也能影响到债权人的信贷决策，毕竟大家都愿意和资本雄厚的企业打交道。

"不得不提的是留存收益，它是一个让你绝不能忽视的存在。留存收益是企业历年剩余的净利润累积而成的资本，也称累积收益，它是依靠公司经营所得的盈利累积而形成的，是公司实力的表现。

"股份支付计入所有者权益的金额通常会涉及股权激励的内容，股权激励会影响到当期利润，而影响的额度就会体现在股份支付计入所有者权益中。

"最后对所有者权益总额进行分析，以了解其变动趋势及影响因素。按照这个顺序，基本就可以把所有者权益变动表读透了。"

财务笔记

1. 所有者权益变动表是反映构成所有者权益的各组成部分当期的增减变动情况的报表。

2. 留存收益是所有者权益的一个重要项目，是企业历年剩余的净利润累积而成的资本。

财务报表附注

"灵樨,你不是说一定要先看报表附注吗?怎么把附注放在最后说?"林正东的这个问题一直等到现在才提。

"附注是重要,但它只是对报表的补充说明。报表毕竟是纯数字的,信息都被高度浓缩了,而报表附注就是对这些高度浓缩的信息的进一步说明、解释及分解。"灵樨解释道。

"灵樨,这可不公平呀,你怎么能单独给东子开小灶呢?"刘洋显然不满意了。

"谁让你是报表附注呢!"灵樨不客气地怼了回去。

"哈哈哈哈……这解释估计胖子一辈子都忘不了。"林正东哈哈大笑。

"附注是财务报表不可或缺的组成部分,是对资产负债表、利润表、现金流量表、所有者权益变动表等报表中列示的项目的文字描述或明细资料,以及对未能在这些报表中列示项目的说明。"灵樨适时地又把附注是什么解释了一下,"看,附注也很重要的。"

"得，我就是……"

"附注只是文字描述吗？"林正东没让刘洋继续说下去。

"主要是文字描述，而且可能技术性很强，不易为非专业人士所理解，所以也需要阅读者认真研读。附注一般以旁注、附表、底注的形式存在。旁注就是在报表的有关项目旁边直接用括号加注说明。就像我们在 Excel 里加个批注一样。附表是财务报表中某一项的明细信息。它与补充报表可不是一回事，补充报表往往反映的是一些附加的信息或按不同基础编制的信息。底注是在报表后面用一定文字和数字所做的补充说明，它仅是对报表正文的补充，不能取代或更正正文中的正常分类、计价和描述。"

"一般附注都写什么？"朵朵好奇地问道。

"有企业基本情况，像公司注册地、组织形式、总部地址、所处行业、提供的产品或服务、客户性质、监管环境、母公司名称、财务报告批准者和批准报出日等。有财务报告的编制基础，像会计年度、记账本位币、现金和现金等价物的构成等。还有遵循会计准则的声明和重要会计政策、会计估计。会计政策和会计估计发生变更的话也要披露。另外还有资产负债表日后事项和或有事项。差不多就这些。"

"听起来也没什么特别的。"

"对报表阅读者来说，需要特别注意四点：或有事项、合同情况、会计政策、日后事项。

"或有事项是指结果具有不确定性的重要事项，其结果取决于未来事件的发生或不发生，这就可能导致利得或损失。比如未决诉讼，输赢可是两个结果走向。对于正在进行中的诉讼提取准备，有可能在下一个会计年度内做出重大调整。

"合同情况可能要求公司限制使用特定资金。这就要注意公司资金流动性的问题了。

"重要的会计政策的影响也是重大的。比如，企业如何判断持有的金融资产是持有至到期的投资而不是交易性投资。比如，对于拥有50%控制权的关联企业，企业如何判断关联企业拥有控制权并因此将其纳入合并范围。又比如，企业如何判断与租赁资产相关的所有风险与报酬已转移给企业从而符合融资租赁的标准。再比如，存货是按成本还是按可变现净值计量的。这些政策的不同运用，带来的结果是不同的。它们对报表中确认的项目金额具有重要影响。

"日后事项是针对资产负债表日与年报报出日这个期间发生事项的统称。在附注里披露的日后事项，虽然不影响资产负债表日的情况，但是会为已有情况提供进一步证据。此期间发生的有利或不利的事项，是会对企业财务状况和经营成果产生一定影响的。比如这个期间发生重大诉讼、仲裁或承诺，资产价格、税收政策、汇率发生了重大变化，发生重大自然灾害导致资产重大损失，以及巨额举债、企业合并等，可能导致企业较大规模的现金流出。所以，认真研读报表附注，也是在避免'踩坑'。"

"财务报表附注好像产品使用说明书呀，使用前不认真阅读的话，就会出现使用不畅的现象。"小米说道。

"小米这个比喻挺形象，确实有些像。"灵樨赞叹道。别看小米总是嘻嘻哈哈的，可脑子还挺灵活的。

财务笔记

附注是财务报表不可或缺的组成部分,是对资产负债表、利润表、现金流量表、所有者权益变动表等报表中所列示项目的文字描述或明细资料,以及对未能在这些报表中列示的项目的说明。

③ 数据要怎么
分析

基本财务分析

"灵樨姐,我怎么觉得我虽然知道了报表该怎么看,可还是看不懂报表呀?"小米愁眉苦脸地说道。她手里拿着的报表已经被她颠来倒去翻了几个来回了。灵樨说的时候,她每句话都听懂了,可怎么自己看的时候,还是不知道如何下手呢?她也偷偷问过朵朵,朵朵也表示自己能看懂的太少。

"光知道怎么看还不行,要会分析,报表就是一堆数字,你能看到大量的财务信息,但很难获取直接有用的信息。你们要想知道怎么从数字中读出真相、读出数字背后的故事,还得靠分析。"

"快说说,快说说。"小米像发现了新大陆,她终于找到自己会看却看不懂报表的症结所在。

"别急,先考考你们。"

"啊,还得过五关斩六将?"

"三里屯有两家店铺,一家一天的营业收入为1000元,一家一天的营业收入为100,000元,你说哪家的经营状况更好?"

"这还用想，当然是一天100,000元的店啦。"小米认为这绝对是送分题。

"这就是你不懂分析会犯的错误。"

"嗯？难道是营业收入才1000元的店经营得更好？"小米彻底迷糊了。

"在比较之前，先要知道分析的基本方法。我们一般最常用的就是同比分析法。这是一种百分比法，是将一系列相关数据简化成根据一个既定基础计算的一系列百分比。这种方法比较简单，它将绝对数值转换成百分比，比较起来一目了然。此方法可以分为纵向分析法和横向分析法。

"纵向分析法将一个期间财务报表的各个项目与某一个基准进行百分比比较，以此了解财务报表中大类项目的构成要素间的关系。比如在分析资产负债表时，我们把总资产作为基准，并将资产下的项目与基准进行百分比比较。同样在分析利润表时，可以将销售收入作为基准，设定为100%，将收入以下的项目与基准进行百分比比较。

"纵向分析法可被用于在同一时间点上，对同一行业不同规模的企业进行比较。也可用于在同一时间点上，对不同行业间的企业进行比较。纵向分析法强调的是同一时间点上不同企业之间的比较。

"拿利润表来看，假如我们的收入是100万元，我们的成本是65万元，我们的毛利是35万元，怎么比呢？拿每一个数分别除以收入。看资产负债表时也一样，每一项都与总资产比（即每一项都除以总资产）。现在再看我刚才问你的，要怎么选？"灵楔问道。

"没法选呀，没有分子。"小米总算反应过来了。

"对了，只有一个营业收入是没办法分析出经营情况的，因为它可能成本很大，即使卖了100,000元也没有毛利。如果一天卖1000元的店，销货成本是350元，卖100,000元的店，销货成本是58,000元，谁的经营状况好？"

$$1000 - 350 = 650 \text{ 元}$$
$$650 / 1000 = 65\%$$
$$100,000 - 58,000 = 42,000 \text{ 元}$$
$$42,000 / 100,000 = 42\%$$

"一天卖 1000 元的店竟然比卖 100,000 元的店经营状况更好！"小米有些不可置信。

"所以，不要被表象所迷惑。"朵朵也感叹道。

"横向比较法就是将不同期间的财务数据与某一基准年度的财务数据进行百分比比较，比如我们将 2021 年的数据作为基准，将 2022 年、2023 年的各项数据与 2021 年比，从而得出企业在不同时间段内的趋势变化。

"比如我们 2021 年的销售收入为 100 万元，2022 年销售收入为 110 万元，2023 年销售收入为 150 万元。以 2021 年作为基准年，2022 年收入比值就为 110/100 = 110%，2023 年收入比值就为 150/100 = 150%。同样，每一个项目都如此比较（相除），这就是横向比较。

"同理，资产负债表也可以这样比较。如果我们通过分析发现，收入在连年下降，成本、费用也在连年下降，利润却在上升，这说明什么？"

"收入下降，成本费用下降，这得多抠才能让利润上升呀？"小米想想就摇头，让她缩衣节食，天呐！

"说明这家公司的经理是个内控好手，成功地压缩了公司的成本费用，创造了利润奇迹。"朵朵说道。

"还是朵朵会说话。"灵樨笑道。

"小米，我让你做过去三年财务报表的纵向分析，你认为我想看的是销售额增长率还是费用占销售百分比的变化？"

"啊？销售额增长率？"小米被灵樨冷不丁的提问问蒙了。

"小米，是纵向。"朵朵看小米一脸蒙，连忙提醒道。

"费用占销售百分比的变化。"小米连忙说道。

"我再问你，我们去年的成本是收入的50%，费用是收入的40%，我们今年要实现销量增加10%，成本比例不变，在不向客户提升价格，我们的进货价也不变的情况下，成本费用中10%为固定成本，90%为变动成本，那我们今年的销售费用是多少？"

"啊，这怎么算呀？"

"好好想想，这就是同比分析，不打怪怎么升级，这是通关必经之路。"

> **财务笔记**
>
> 1. 用纵向分析法分析利润表时，以收入为基准；分析资产负债表时，以总资产为基准，将各资产项目与总资产项目比较。纵向分析法主要用于同一时点、不同企业之间的比较。
>
> 2. 横向分析法是将某一年的财务数据作为基准，主要用于同一家企业不同时间段的趋势比较。

短期偿付能力分析

"灵樨姐,我可以通关了吧。"小米把写着答案的纸递给灵樨。

假设去年收入为 100 元,今年收入就为 100×(1+10%)= 110 元。

成本就为 110×50% = 55 元。

销售费用为(100×40%)×90% +(100×40%)×10%×(1+10%)= 40.4 元。

销售费用与收入之比为 40.4/110=36.73%。

"嗯,有进步。"小米认真起来也是很聪明的。

"要提升自己的能力,就要多掌握一些专业知识。像演员一样,戏路宽才能多接戏,才能有更多的钱赚。"灵樨一直鼓励她们俩不要局限自己,不要放弃任何一个提升自己的机会。

"为了钱也得多学习,我可跟钱没仇,哈哈哈哈。"小米还是彻底的"金钱至上者"。

"对，只有有钱进账才能买喜欢的包包。那你的偿付能力如何呢？"

"哦，我知道了，偿付能力就是流动性。"小米听出了灵樧话里的意思。

"不，偿付能力和流动性可不是同一个东西。流动性是一个相对指标，是指公司变现或转化为现金的速度能在多大程度上满足到期债务的现金还款需要。说白了，就是这个变现的时间需要多长。流动性指标最能揭示的就是公司的短期偿债能力。"

"流动性指标多吗？都有哪些呀？"小米问道。

"五六个吧，像净营运资本、流动比率、速动比率、现金比率、现金流比率、净营运资本比率，这些都是衡量流动性的财务比率。"

"流动比率和速动比率常常听到。"

"嗯，作为一名专业的财务，除了'网红款'，其他的指标也应该知道。净营运资本就是流动资产减流动负债，作为一个最基本的指标，它显示了企业为短期债权人提供安全缓冲或保护而持有多少净流动资产。

"而'网红款'的流动比率，是衡量流动资产满足流动负债需要的程度。流动比率越高，说明可以用来偿付流动负债的流动资产越多。但这也不是绝对的，还存在着一部分流动资产不能马上变现的可能，这就使流动性有被高估的嫌疑。比如，流动资产中有大量的预付款项，此时的流动比率就被高估了。又比如，最大的应收账款欠款单位已申请破产，那此时的流动比率也被高估了。流动比率太低的话，偿债能力就有问题；太高，又有资产闲置的问题。因此，流动比率大小要与经营周期相匹配。举个例子，我们公司的流动资产是 100 万元，流动负债是 50 万元，隔壁公司的流动资产是 1000 万元，流动负债是 950 万元，你说谁的流动性好？"灵樧补充道。

"净营运资本都是 50 万元，我们公司的流动比率是 100 / 50 = 2。隔壁公司的流动比率是 1000 / 950 = 1.05。这样看来，还是我们的流动性好呢。可数字大并不一定就好呀。"小米现在也学着用数学的眼光看事情了。

"对，我们的流动资产可以满足 2 倍的负债需要，而隔壁公司只能满足 1.05 倍的负债需要。但也要注意我刚说的雷区，避免踩雷。"

"有避雷针吗？"

"可以加点'酸'，以免太沾沾自喜。酸性测试比率是速动比率的别称，是从一个比流动比率更为短期的角度来考察流动性的比率。它扣除了比现金或应收账款周转速度慢的存货。一般合理的速动比率为 1，但行业不同，数值也不同。运用的时候要与以往的数值比较，与同行业的平均数值比较，方显严谨。

"可即使速动比率挤掉了部分'水分'，它仍然没有考虑应收账款的流动性。要是挂了笔十年八年的应收账款，这水分可大了去了。所以，还得扣除应收账款，这就变成了现金比率。

"从极端保守的老派角度看，现金比率是衡量企业短期流动性的最佳指标。当企业的存货和应收账款流动性较差，企业的投机性较高，或进行了应收账款抵押时，用现金比率就是不二的选择了。但是，要注意了，这也说明这家企业挺惨的，除了钱没别的了，应收账款被大量地占用，只能用现金还债了。在现金如此宝贵的当下，好好的资源没得到有效的利用，堪称孤勇呀！鸡蛋放在篮子里永远是鸡蛋，只有孵出小鸡才能接着下蛋。"

"灵樨姐，我发现这几个指标都是从资产负债表中取数的，你不是说过资产负债表是时点表吗，那这几个指标也是时点数了？"

"对，所以说流动比率、速动比率和现金比率也是静态指标，而且还一个比一个保守，一个比一个数值小。怎么，想要动态的？那你得了解下现金流比率了，虽然与现金比率只多了个'流'字，但这个'流'意味着一段时间。现金流比率是经营性现金流与流动负债的比，经营性现金流就是一段时间内从经营活动中所产生的现金，可以使我们用动态的眼光来衡量企业的流动性，满足你喜动的特性。"灵榠还真是把小米看得透透的。

"现金流比率越大，企业出现现金流动危机的可能性就越小。公司流动性越大，经营失败的风险就越小。与以现金偿债的方式相比，以经营活动现金流量为主的偿债方式更健康，因为经营活动现金流量健康迅速地运转，预示着正常业务的良性发展。

"如果这都不能满足你的需要，还有个净营运资本比率。净营运资本比率表示最终投入的流动资产占到企业投入总资产的比重。比重越高，意味着企业短期内可以变现的资产相对越多，其流动性也相应越高。

"再告诉你个有趣的现象，比率中的分子增大时，比率的值也会随之增大；比率中的分母增大时，比率的值会随之减小。这个有趣的现象说明了什么？"

"有趣！"小米不假思索地说出了两个字，逗得灵榠又气又笑。

"说明了负债增加会导致流动性比率减小，而流动资产或现金流的增加会改善流动性比率。在比率大于1时，比率的分子和分母同时增大相同的数值，比率的取值将会减小，即流动性会进一步恶化。比率的分子和分母同时减少相同的数值，比率的取值将会增大，即流动性会得到改善。"

"灵榠姐，我现在才明白，'学好数理化，走遍天下都不怕'是多么有道理，可学渣最怕的就是数学。"小米眨巴着一双水灵灵的大眼睛可怜兮兮地说道。

"你呀！"灵榠看小米一听到分子、分母就蒙了，于是说道，"隔壁公司的老王看了下这个月的数据，显示公司流动资产为120万元，流动负债为80万元，一算流动比率才1.5（120 / 80 = 1.5），于是赶在出报表前还了40万元的负债，流动比率就变成了（120 − 40）/（80 − 40）= 2。"

"如果老王接下来又赊销了商品并取得了正常的毛利呢？"灵榠接着问道。

"赊销会使应收账款增加。"

"对流动比率有什么影响？"

"嗯，我想想啊。"

"取得了正常的毛利，这就意味着应收账款的增加幅度大于存货的减少幅度，这会使流动资产的总值增加。同时，赊销对流动负债没有任何影响，所以流动比率会上升。"灵樨解释道。

"神奇呀。"

"如果你只是为了财务数据更好看，那这种行为就要三思了。"灵樨不得不郑重地提醒小米，"但是，这种行为也恰恰告诉你，财务报表的数据是死的，但人是活的。财务报表是结果，业务活动才是因。想要使财务报表达到什么样的结果，就要拆解财务报表，用过程去影响结果。"

财务笔记

1. 净营运资本 = 流动资产 − 流动负债

2. 流动比率 = 流动资产 / 流动负债

3. 速动比率 =（流动资产 − 存货）/ 流动负债 =（现金 + 有价证券 + 应收账款）/ 流动负债

4. 现金比率 = 货币资金 / 流动负债 =（现金 + 有价证券）/ 流动负债

5. 现金流比率 = 经营性现金流 / 流动负债

6. 净营运资本比率 = 净营运资本 / 总资产

长期偿债能力分析

"明白明白,作为一名光荣的财务人,职业道德还是有的。"小米连忙收起了她的玩闹,"灵樨姐,你刚说的都是短期偿债能力,而做企业都是想做大做强的,仅关注短期也未免短视,是不是还有长期偿债能力的分析呀?"

"学聪明了呀,知道眼光要放长远了。"

"天天被你耳提面命的,翠花也该长点心啦。"小米也会自嘲了。

"对长期偿债能力的分析,就需要比较长期债务的金额与公司在长期内的现金生成能力了。这个能力在很大程度上取决于公司的长期债务金额与权益间的相对关系。长期债务与权益的组合就是资本结构,它不仅影响公司的风险与回报,还与公司的杠杆率有直接关系。

"还记得中学物理课本上,阿基米德的那句著名的话吗?'给我一个支点,我就可以撬动地球。'这就是著名的杠杆原理,杠杆可以撬动地球,同样也可能撬动资本,当然这里不是要跟你说怎么给股票加杠杆。"灵樨可是记得小米最近迷上了股市。

"企业可以通过经营杠杆和财务杠杆两种方式来利用杠杆作用。投入固定的经营成本会产生经营杠杆，通过债务的方式融资会产生财务杠杆。通过使用固定成本来撬动更大的盈利就称为杠杆效应，当然也有可能放大损失。债务规模太小可能会导致公司无法充分利用所有机会，规模太大又可能影响公司应对经济困境的能力，并可能导致公司无法继续偿付到期债务或到期利息。"

"啊？那多大规模的债务算合适？"小米问道。这就像女生减肥，太胖不好看，太瘦也不好看，麻烦！

"这个杠杆多少合适，我也不知道，实际中也并没有一个标准答案，每个行业、每个企业都不一样。套句'鸡汤'就是：适合自己的，才是最好的。"灵樨说道。

"哈哈哈哈。"

"为什么投入固定的经营成本成本就会产生杠杆效应呢？"小米只要一认真起来，问题就会不断。

"你看，如果我们只生产一种音箱，它的固定资产总额为 5000 元，单位变动成本为 500 元，单价 1000 元，卖 50 件的话，你算下利润是多少？"

"$50 \times 1000 - 50 \times 500 - 5000 = 20,000$ 元。"

"卖 60 件呢？"

"$60 \times 1000 - 60 \times 500 - 5000 = 25,000$ 元。"小米唰唰两笔算了出来。

"嗯。$(60,000 - 50,000) / 50,000 \times 100\% = 20\%$；$(25,000 - 20,000) / 20,000 \times 100\% = 25\%$。收入是不是增加了 20%，利润是不是增加了 25%？"灵樨说道，"如果我们将固定资产总额提高到 10,000 元，你再算一遍。"

"卖了 50 件的利润是 $50 \times 1000 - 50 \times 500 - 10,000 = 15,000$ 元，卖了 60 件的利润是 $60 \times 1000 - 60 \times 500 - 10,000 = 20,000$ 元。收入没变化，还是增

加了20%，利润却增加了（20,000 – 15,000）/15,000×100% = 33%。咦，利润怎么增加了这么多？"小米看着计算结果问道。

"固定成本总额是一个常数，与销量的变动无关。固定成本的存在使销量每变动一个百分点，都会使息税前利润变动更大的百分点，这就是经营杠杆效应。固定成本是产生经营杠杆的原因，收入的变化是经营性收益变化的原因。当销量发生百分之一的变化时，能引发经济效益发生多大百分比的变化，即经营性收益对于收入变化的敏感度，这就是经营杠杆系数。经营杠杆系数高意味着企业的经营风险大，但是这种风险是潜在的而不是现实的，只有销售收入发生变化才能激活这种风险。企业可以没有财务杠杆，但不可能没有经营杠杆。财务杠杆来自固定的融资成本。企业在资本结构中增加固定成本融资比例时，固定的现金流出量就会增加，结果导致丧失偿债能力的概率也增加。"

"既然有风险，为什么还要用债务融资呢？"

"做任何事都有风险，收益就伴随着风险而来。企业使用支付固定成本的方式融资，比如优先股、负债，其主要意图就是给股东带来收益。固定的利息支出是产生财务杠杆的原因，经营性收益的变化是每股收益变化的原因。财务杠杆系数的高低只能表明企业潜在的财务风险大小，而能够激活这种风险的只有经营性收益的变化。企业如果有一个比较高的经营杠杆，当业绩下降时，经营性收益就会大幅下降。如果企业这时还有负债的话，就会影响到每股收益的变化。所以有时，企业要去杠杆化，把债务去掉，降低固定支出的压力。

"财务杠杆和经营杠杆联合在一起就是总杠杆。也就是说，企业投入固定的经营成本并通过债务的方式融资，此时销量的任何变动都将经两步放大为每股收益的更大变动。一般来说，公司的总杠杆越大，每股收益随销量增长而扩张的能力就越强，但风险也随之越大。公司的风险越大，债权人和投资者要求的贷款利率和预期的投资收益率就越高。

"所以，杠杆能告诉我们企业的风险，而财务杠杆可以评估企业的偿债能力。除了杠杆，我们一般还用资产负债率、负债与权益比、利息保障倍数、现金流与固定费用比率来评估企业的长期偿债能力。这几个指标也恰恰是对资产负债表、利润表和现金流量表的分析。"灵樨接着说道。

"分析资产负债表最常用的指标就是资产负债率和负债与权益比。资产负债率（总负债/总资产）显示在总资产中有多少是通过债务融资获得的，并能够帮助确定债权人在清偿时所受到的保护程度。资产负债率越低，公司的财务杠杆率也就越低，财务风险也就越小。当然，这也就意味着公司没有充分利用债务融资，经营上相对来说过于保守了。进一步分析负债与权益比（总负债/总权益），借以了解企业的资本结构，知道股东对债权人的保护程度。该比率越低，债权人受保护程度越大，企业的财务杠杆和财务风险就越小。

"从利润表中看偿债能力用的指标一般是利息保障倍数，这是企业在扣除利息支出与企业所得税之前的利润与利息费用之间的比率。一般来说，该比率越高，债权人向公司贷款就越安全。因为较高且稳定的利率偿付率意味着企业的业绩良好；而较低且不稳定的偿付率意味着较差的业绩，也就说明企业的负债较多，相对的财务杠杆较高，财务风险较大。

"如果利息保障倍数大于1，一般可判断企业还有付息能力，但前提是企业有着高质量的利润。否则，企业的付息能力低，若长期下去，企业会资不抵债直至破产。

"从现金流的角度来看，使用现金流与固定费用比率可以衡量公司利用运营正常业务所产生的现金流来支付固定费用的能力，如支付利息支出和租赁支出的能力等。"灵樨将这几个比率指标挨个说了下，不指望小米都能理解和记住多少，但至少，在看到一家公司的报表时，能知道怎么看、看什么。想要把分析能力运用得炉火纯青，那需要长期工作的积累。分析能力和从分析中得出结论的能力至关重要。

"你平时没事就多看看，先好好分析分析我们自己的报表。如果企业本身的经营杠杆很高的话，再利用债券融资就会进一步放大企业的风险。大量的设备用租赁方式获取，说明企业的固定支出高，财务杠杆高，则不适合债券融资。而税率高则意味着债券的税后融资成本较低，此时适合利用债券融资。企业收入的周期性强意味着企业收入的波动幅度大，在既有经营杠杆又有财务杠杆的情况下，收入波动幅度大，会增加每股收益的波动幅度。"灵楔对小米可真是倾囊相授了。

> **财务笔记**
>
> 1. 经营杠杆 = 边际贡献 / 经营性收益
> 2. 财务杠杆 = 息税前利润 / 税前利润
> 3. 总杠杆 = 经营杠杆 × 财务杠杆 = 每股收益变化的百分比 / 销售收入变化百分比
> 4. 资产负债率 = 总负债 / 总资产
> 5. 负债与权益比 = 总负债 / 总权益
> 6. 利息保障倍数 =（利润总额 + 利息支出）/ 利息支出
> 7. 现金流与固定费用偿付比 =（经营性现金流 + 固定费用 + 支付的税款）/ 固定费用

营运能力分析

"灵檖姐，从偿债能力可以看出来企业有没有能力及时足额还款，那企业自身的经营情况呢，是不是也可以通过指标分析？"朵朵脑子转得快，考虑得也全面。

"评估经营能力说到底还是要看资产的流动性。企业的经营主要就是进货—销货的过程，从采购原材料、投入生产到完工销售，再到回款，这个过程就是企业营业周期的写照。我们要分析，就要从存货、应付账款、应收账款等方面下手。如果公司能够有效地管理其存货并且能及时地收回应收账款，那这家公司就成功了一半。"灵檖说道。

"看来应收账款举足轻重呀。"小米终于意识到了应收账款的重要性。

"我们通常用应收账款周转率来衡量应收账款的管理效率，搭配使用应收账款周转天数进行辅助分析。应收账款周转率衡量的是在一年中从销售商品到收到应收账款的平均次数。应收账款周转天数是衡量赊销之后需要经过几天才能把货款收回。

$$应收账款周转率 = 年赊销收入净额 / 平均应收账款余额$$

"外人一般不知道公司里有多少产品是赊销有多少是现销，所以分子中的年赊销收入净额一般就用营业收入来计算。

"应收账款周转率的比率越高，说明企业收款的速度越快，应收账款的流动性越强。

$$应收账款周转天数 = 365 / 应收账款周转率$$

"应收账款周转天数就是平均收款期，它衡量了企业的收账时间。我们拿它和公司的信用政策比较分析，就可以看出来公司在应收账款管理上的效率。如果公司的收账期在 30 天，那么应收账款周转天数就应该小于 30 天，差得太多，就应该提醒公司注意了。应收账款周转天数过低，说明公司的信用政策太苛刻了，不利于生产经营，可能会丧失一部分销售额。周转天数过长，就说明流动性太差，公司在为客户无偿地提供资金援助。"

"不差钱，哈哈。"

"对于零售企业，这个比率指标就不太适用了。比如快餐业、商场、超市等，它们本身就是现金销售，不存在赊销情况。另外，季节性的波动也会影响到该指标的含金量。

"另一对重要的指标就是存货周转率和存货周转天数，因为存货的价值通常占到流动资产的一半以上。和应收账款一样，存货周转率是衡量存货管理效率的指标，即在一定时间内，存货资产的周转次数。

$$存货周转率 = 营业成本 / 平均存货$$

存货周转天数 =365/ 存货周转率

"存货周转率越高，说明存货管理效率越高。较高的存货周转率和较低的存货周转天数表明公司具有较好的存货控制能力和较强的流动性。当然了，物极必反，过高的存货周转率也可能说明存货太少或出现频繁缺货的情况。存货周转率低则意味着存货过多又难以出售，或者货物积压已无法出售。成功的公司都会追求在及时满足客户需求的情况下，仍然保持较低的存货数量和较高的存货周转率。"

"这个追求不容易实现吧？"小米也开始担心了。

"有目标，才有希望。丰田公司实现的零库存模式不是近几年被广泛推广嘛，供应链管理也被越来越多的公司重视，这就是个好现象。"朵朵说。

"接下来常用的是应付账款周转率，如果说应收账款周转率是看企业的回款速度的，那应付账款周转率就是了解企业给供应商的付款速度的，它揭示了企业与供应商之间达成的支付期限。应付账款周转率越小，应付账款周转天数就越长，企业使用这些资金的时间也越长。但要注意，过长的应付账款周转天数会使企业的信用度下降。

"较高的应付账款周转天数要么表明公司拥有良好的供应商关系，因此在货款的支付上相对来说较为自由；要么表明公司的流动性存在问题，拖欠了供应商的货款。应参考公司在供应商处的信用期限来判断是哪一种情况，如果公司的应付账款周转天数显著高于信用期限，就说明公司有逾期支付款项的现象。"

应付账款周转率 = 赊购金额 / 平均应付款项

应付账款周转天数 =365 / 应付账款周转率

"灵樨姐，怎么知道有多少是赊购呀？"

"外人是很难知道，不过可以用总采购额代替。"

"应收账款周转天数加上应付账款周转天数是不是就是企业的一个经营周期？"朵朵问道。

"经营周期是从存货采购开始到收到销售回款为止的，这一个周期才是经营周期，简单来说就是应收账款周转天数加上存货周转天数。这就像一个轮回。"

"还有一个指标叫总资产周转率，它是销售额与平均总资产之比，一般被用来分析公司全部资产的使用效率。简单来说就是1元钱的资产投入能产生多少销售收入。这个比率越低，说明公司利用其资产进行经营的效率越差，公司就要想办法提高销售收入才行。比率越高，则说明资产效率越高。"灵樨把她日常用来分析营运能力的指标简单说了下，让她俩对日常分析有个了解，好让她们看懂公司的日常经营指标。

> **财务笔记**
>
> 1. 应收账款周转率衡量的是在一年中从销售商品到收到应收账款的平均次数。应收账款周转天数衡量赊销之后需要经过几天才能把货款收回。
>
> 2. 存货周转率是衡量在一年之内存货销售的平均次数。存货周转天数是指企业持有存货的天数。
>
> 3. 应付账款周转率是指一年内应付账款的周转次数或周转天数。应付账款周转天数，表示企业从赊购到付款的天数。

盈利能力分析

"我发现,营运能力分析好像都来自资产负债表。"小米像发现了新大陆一样兴奋。

"算你还有点眼力见儿。"灵樨说道,"资产负债表除了能分析营运能力,还可以分析公司的盈利能力。而通过利润表,则可以对盈利能力进行分析。"

"盈利能力是不是就是企业的赚钱能力?"小米用手比画着数钱的动作。

"盈利能力是企业安身立命的本钱,你们会给不会赚钱的企业投资吗?"

小米和朵朵头摇得像拨浪鼓似的:"投资就是为了赚钱,我又不是'西虹市首富'。"

"首富不首富的不知道,但你们没有一技傍身,连生活都会成问题。通过资产负债表判断盈利能力时,我们可以用资产回报率、权益回报率及可持续增长率进行分析。而通过利润表判断盈利能力时,我们可以从毛利率、经营性毛利率、息税折旧摊销前利润率、销售净利率指标中进行分析。

"资产回报率是用来衡量每单位资产创造多少净利润的指标,也是衡量公司成功与否最常用的指标。它是净利润与平均总资产的比。该指标越高，表明企业资产利用效果越好，就越能说明企业在增加收入和节约资金使用等方面取得了良好的效果。如果净利增加而总资产价值保持不变，该比率增加，就表明公司运营得真的很不错。

"在杜邦分析法[①]下，资产回报率可被拆分为销售净利率和总资产周转率，从两个维度来审视企业利用资产创造利润的效率。销售净利率用来评估公司相对于销售的净盈利能力，而总资产周转率则用来评估公司利用资产创造销售的效率。表述出来就是资产回报率=（净利润/销售收入）×（销售收入/平均总资产）=销售净利率×总资产周转率。这样就可以更方便地分析资产回报率指标在两个连续期间内所发生的变化。可以确定资产回报率的下降是因为净利润的下降还是因为经营中使用了更多的资产。如果公司更换了资产，资产增加而销售却没增加，导致资产周转率下降，就会降低资产回报率。

在分析时，一定要同时考虑销售净利率和总资产周转率。在同样的销售净利率和同样的资产下，我们肯定更倾向于投资销售收入最高的企业。因为资产周转率可以放大给定净利率的价值，而较高的净利率又会掩盖部分资产周转率存在的问题，这也就是我要你们来一起分析的原因。"

"嗯，资产回报率下降，就说明企业的赚钱能力下降了，那公司是不是就要想办法阻止？"朵朵也大概听明白了，知道是什么原因就想知道怎么修正。

"任何企业都不希望看到资产回报率下降。当资产回报率下降时，一般

[①] 杜邦分析法是利用几种主要的财务比率之间的关系来综合地分析企业的财务状况，用来评价公司盈利能力和回报水平的一种方法。这种分析方法最早由美国杜邦公司使用，故名杜邦分析法。

就会考虑通过提高生产率削减费用、改善存货以降低资产、加速应收账款的回款等，当然还有在维持利润率和资产水平下利用提高销售收入等方法进行调整修正了。"灵樨说道。

"那权益回报率呢？"小米同学也渐入佳境，逐渐跟上了步伐。

"权益回报率关注的是股东权益的回报率，它是净利润与平均股东权益之比。如果公司希望获得更高的收益，它的权益回报率就要高于其权益类资本的成本，权益回报率越高，就意味着普通股股东可以获得更高的回报率。

"同样，我们也可以把权益回报率分解为资产回报率与权益乘数。提高资产回报率和权益乘数中的任何一项，都可以提高股东的回报率。权益乘数就是资产与权益的比，也就是财务杠杆。还记得我前面给你们说过的杠杆作用吗？忘了的话就自觉面壁去。

"在盈利能力提高时，与资产回报率相比，权益回报率的增幅更大，而财务杠杆就是权益回报率更快增长的决定性因素。站在股东的角度来说，公司通过更多地借款而不是通过发行更多的股票进行融资，将会提高权益回报率。

"需要指出的是，权益回报率与资产回报率之间是一个倍数关系，这是因为企业举债的主要意图还是给股东带来更多的收益。"

"他们有收益才有动力做企业，我们才有饭吃，哈哈。"小米倒想得通透。

"那可持续增长率呢？听名字感觉很'生态'呀。"朵朵问道。

"可持续增长率揭示了公司仅使用现有资源，而在没有任何外部融资的情况下，可以实现的最大的收益增长速度。它的关键是保留足够多的盈余进行增长方面的再投资，而不是将这些盈余作为股利进行支付。

"前面说了企业举债的目的就是给股东带来更多的收益，企业举债的能力将随着股东权益的增加而提高，这将使企业可以进行更多的借款活动，而不会导致债务对总资产比率或负债权益比率产生不利的影响。这也就说明，在纯粹的内部增长模式下，企业的发展取决于每期的留存收益，而留存收益的再投入能够给企业带来更多的回报。朵朵用生态来形容也颇为形象，良好的生态循环确实能给企业带来持续不断且优良的收益。企业如果能做到'生态化'，那基本上就可以在正确的航道中开启远大航程了。"灵樨说道。

"灵樨姐，我发现这三个指标是相互影响的。你看，它们最终都和销售净利率、总资产周转率有关。"小米在纸上写下了三个指标的公式分解。

"不错不错，潜力无限，你还可以理解更多。"灵樨赞许地看着小米。

财务笔记

1. 资产回报率 = 净利润 / 平均总资产 = 销售净利率 × 总资产周转率

2. 权益回报率 = 净利润 / 平均所有者权益 = 销售净利率 × 总资产周转率 × 权益乘数

3. 可持续增长率 = (1 - 股利支付率) × 权益回报率

利润表中的盈利能力分析

"我一直以为，只有通过利润表才能看到盈利能力呢。"

"那是你知识有限，认知也有局限。"朵朵心里清楚，这个世界人外有人天外有天，自己渺小得如沧海一粟，而学习是最便宜的投资，现在有幸跟着灵樨姐，对方还愿意这样倾囊相授，不但教知识，还教思维方式，让她获益良多。她不能浪费机会，更不能浪费时间。

"在利润表中，毛利通常是我们挂在嘴边的一个词。企业销售产品，第一个关注的指标就是产品的毛利是多少。而毛利率，就是衡量毛利占销售收入的百分比。"灵樨没有给她俩太多打趣的时间，而是接着往下说起了来自利润表的盈利能力分析。

"与其他所有的财务比率一样，可以通过比较企业在过去几年的收益与行业平均水平来理解毛利率。毛利的大小直接影响了企业最终的收益。如果毛利率上升，就表明企业可以很好地管理其销售成本；如果毛利率下降，则说明销售成本在上升。

"这时就要分析毛利下降的原因了，看看是不是销售价格没有与存货成本同比例增长、降价销售、销量下滑、多种产品销售时利润率较低的产品比例增加等。除此之外也要看看存货有没有被盗，因为在存货被盗的情况下，同样的销售就会产生更高的销售成本。"

　　"嗯，如果连毛利都没有，企业还怎么赢利？"小米说道。

　　"你忘了灵樨姐在报表分析时说过的了，没有毛利也可以赢利的。"

　　"学艺不精，回头我就上'思过崖'。"小米立马抱拳道。

　　"经营性毛利率就是毛利率的延伸，是扣除销售费用和管理费用下的毛利率，它排除了所有来自融资活动的费用，强调日常运营的盈利能力。经营性毛利率直接受产品的单位售价及单位成本的影响。"这俩孩子，打打闹闹的，灵樨也习惯了。

　　"如果想进一步体现核心业务的经营效率，就要使用息税折旧及摊销前利润率了。它是息税前利润与折旧及摊销之和与销售收入的比，不过该比例比较容易被人为操纵，被错误地被当成现金流使用，而且它也不能反映营运资本和资本化支出，你们只要知道有这个指标可以用就行。"灵樨特意嘱咐了一句，"指标不是万能的，也不是毫无缺点的，'尽信书不如无书'，尽信指标不如不用指标。"

　　两个孩子当下表示明白了。

　　"该指标越高，说明企业销售收入的盈利能力及回收折旧和摊销的能力越强。该指标越低，说明企业销售收入的盈利能力及回收折旧和摊销的能力就越弱。销售净利润率是净利占销售收入的百分比，它告诉我们企业每卖1元钱所产生的净利润是多少。企业都在追寻更高的销售净利润率，行业和企业性质的不同影响着该指标的高低，所以要格外关注企业所处的行业及企业特点，不能盲目地看指标数字。这个指标更多的是影响管理的因素，借助该指标就可以分析销售情况，追踪企业在管理方面的漏洞。"

"灵樨姐，我觉得这些指标就像航线分析报告，它告诉你该注意什么，该了解什么，然后你根据它的提示做出改变和行动，在大海中航行，让企业不偏离正确的航道。"朵朵有感而发。

"就像你说的，做企业就像在大海中航行，而财务经理就是大副、二副，辅助船长开好船，顺利到达目的地。"

> **财务笔记**
>
> 1. 毛利率 = 毛利 / 销售收入
> 2. 经营性毛利率 =（毛利 – 销售费用 – 管理费用）/ 销售收入
> 3. 息税折旧及摊销前利润率 =（息税前利润 + 折旧 + 摊销）/ 销售收入
> 4. 销售净利率 = 净利润 / 销售收入

分析要兼听不偏信

"一家财务数字暂时完美的企业并不能说明这就是一家优秀和有前途的企业。而一名能力出众的财务报表阅读者，关注的也并不是那些看起来漂亮的数字与指标，他们关心的重点首先在于对企业整体投资故事的判断，然后是资产组合的质量，收入和利润的成长性以及现金流的均衡性，当然，其中最重要的是逻辑判断。

"企业的品格比企业的数字更可靠。但你不能把希望寄托在别人身上，俗话说靠天靠地不如靠自己，掌握一些有效的技术手段还是可以帮你擦亮眼睛的。

"财务报表分析必须与企业活动相结合，任何脱离企业活动的分析都是'耍流氓'。在分析过程中，在静态指标和动态指标之间要更重视动态指标，所谓'纵向指标看趋势，横向指标看异常'。当你拿自己的现在跟自己的过去相比时，你要看的就是趋势分析，以此来判断未来。而与行业中其他企业相比时，你要做的就是发现异常，寻找突破点。财务报表是用数字写成的故事书，要会用逻辑去听故事，而不是用技术去看故事。要立体地整合分析，而不是只看一点一线的'一人独秀'。要寻找数字背后的动机，抓住重点，辨明方向，而不是被数字'牵着鼻子走'。现金和利润之间，现金要比利润重要100倍，这是企业的'七寸''七寸''七寸'！"灵樨不止一次强调现金流的重要性。

"我们算出指标是不是就可以知道企业的情况了？"

"算出指标只是第一步，如果不使用一些比较手段，指标比率就毫无意义。当然，指标的准确性还取决于所取数字的正确性，也就是会计核算的正确性。而会计核算作为事后核算，其正确性又直接受业务的影响。也就是说，业务活动直接影响着数据分析的结果。什么是因，什么是果，企业的管理者一定要心中有数。套句佛语就是'众生畏果，菩萨畏因'。"

"所以众生才会求菩萨、拜菩萨呀。"

"企业财务报表反映的数据是企业过去发生事项的结果。所以单从报表分析略显单薄，你还要关注企业的内部管理、外在环境、管理层的意图、人才的配置、企业的竞争力等，这样才能更客观、全面地掌握企业的情况。不同人对报表的关注点也不同，像公众对企业的财务状况和其在未来的赚钱能力比较感兴趣。投资人会通过历史趋势及当前状况来判断前景是否可期。债权人获利有限，因此他们只关心能不能收回借债。管理者更关注能否按期偿债及盈利前景。政府部门则关心企业能否按期缴纳税收及遵守相关监管规定。"

"灵樨姐，每个人的需求都不同，那报表就只有一份，能'照顾'得过来吗？"小米不禁好奇地问道。

"你这就走向了一个思维误区，报表就一份，报表的阅读者、使用者却有很多，难道你要针对他们每个人量身定制报表吗？"

"那不成造假了吗？"

"'反常必有妖'，一份照顾到各方需求的完美无缺的报表是不存在的。试想，你知道通过降低销售成本可以改善营业费用与销售间的比率，但是你亦要明白，如果降低营销等销售成本，则可能导致销售下滑或市场份额下降，因此这种表面上获利能力的改善可能在实际上会造成未来盈利能力的下降。医术是用来救人的，而不是用来杀人的，同理，财务分析的能力是用来了解真相而不是人为改变数据的。"

"嗯，方法要用在正道上，我要争做阳光正直好少年。"小米举起了手臂做宣誓状。

财务笔记

财务分析结果的影响因素有：所采用的会计方法不同；季节性波动；人为造假。

04 怎么做财务预测

需要多少资金

"灵樆,这段时间我一直在想,我们现在的业务量也逐渐上来了,顾客的口碑也上来了,你前面对现金流的看法真正说到了我心坎里。你看我们现在的资金情况,说实话很多时候真的让我捉襟见肘,我们是不是也考虑一下融资?"林正东一大早就找灵樆来商议,他心中的商业梦很大,不想被拘泥于"池中"。

"想要做大,在增加销售的同时也得增加资产,甚至还需增加固定资产。为取得扩大销售所需增加的资产,就需筹集资金,仅靠每年的留存收益确实难以满足需求,还是要外部融资,运用资本的力量,才能达到杠杆的效益。"灵樆分析道。

"嗯,这外部融资怎么融、融多少,都得有个数才行。"林正东说。

"想知道这个数其实也不难,你只需要告诉我明年准备卖多少货吧。"

"这么简单?"林正东有些不可思议。

"后面的事交给我,你需要准备的就是这么简单。"说着,灵樆就打开了自己电脑上的报表，这是她调整过的管理用财务报表。

"今年收入可以达到 500 万元，明年我想翻两番。"

"嗯。财务预测的起点是销售预测，它是财务预测的基础，也是原点。收入翻两番的愿望很好，但也要切合实际，如果我们如有神助，实际销售状况超出预测很多，那就要准备相当多的资金储备。资金不到位，就会无法满足客户的需求，白白失去赢利的机会，说不定还会被竞争对手抢占掉一部分市场份额。可如果我们的实际销售状况离预测的还有一大截，那就会导致资产闲置，进而使权益净利润降低。"灵樱边说边在 Excel 表格里输入了 1000 万元——2 倍比翻两番更靠谱些。

"3 分钟告诉你结果。"

"你又一次刷新了我对你的认知，灵樱，得你如有神助呀。"

"得，别给我戴高帽，论功劳也是发明 Excel 的人的。我现在用的这个方法比较简单常用，是基于销售收入的一种计算方法，它是求资产和负债项目占销售收入的百分比，称为销售百分比法。"灵樱边设公式边解释道。

"我们以今年的数据作为基础。"灵樱把今年的数据都复制到预测表上。

各项目销售百分比 = 基期资产（负债）/ 基期销售收入

"所以我在销售百分比一列的公式一律是各项数除以 500，然后计算明年的各项资产负债。"

各项目经营资产负债 = 预计销售收入 × 各项目销售百分比

"所以我在预测情况下面一律是以百分比乘以 1000，最后资产减去负债就是净经营资产合计了。你看，这样一拉公式，是不是很快。"灵樱把表给林正东看。

净经营资产预计表

项目	2023年实际情况/万元	销售百分比	2024年实际情况/万元
销售收入	500		1000
货币资金	20	4%	40
应收票据	15	3%	30
应收账款	200	40%	400
其他应收款	5	1%	10
存货	95	19%	190
一年内到期的非流动资产	3	0.60%	6
固定资产	15	3%	30
其他非流动资产	2	0.40%	4
经营资产合计	355	71%	710
应付票据	5	1%	10
应付账款	80	16%	160
应付职工薪酬	9	1.80%	18
应交税费	2	0.40%	4
其他应付款	5	1%	10
其他流动负债	3	0.60%	6
长期应付款	4	0.80%	8
经营负债合计	108	21.60%	216
净经营资产合计	247	49.40%	494

"494万元？"

"不不不，这可不是最终结果，494万元只是预计的净经营资产，扣除掉基期的247万元才是融资总需求。

融资总需求 = 预计净经营资产合计 - 基期净经营资产合计 = 494 - 247 = 247 万元

"如何能筹到这么多钱就看我们的融资政策了，通常是首先动用现存可用的，其次是多赚钱增加留存收益，再然后是通过借债等手段增加金融负债，也可以找投资人进来增资或者是我们自己追加投资。你看，如果我们年底有10万元可动用资金的话，还需融资247-10 = 237万元。然后我们的盈利留存可以满足部分的融资需求。

留存收益增加 = 预计销售收入 × 计划销售净利率 × （1 - 股利支付率）

"考虑到我们的融资情况，我们选择不分红，如果我们的计划销售净利率为3%，那我们增加的留存收益为1000 × 3% = 30万元。扣除掉我们可以动用的金融资产和预计增加的留存收益，我们需要融资207万元。"灵樨边算边说。

"207万元，这个数字准确吗？"

"预测的数据肯定不是百分百准确的，不然也不叫预测了。更何况这个方法还有个假设前提，它默认各项经营资产和负债与销售收入保持稳定的百分比，可实际经营中有各种各样的情况发生，这就会与事实有些出入。另外，刚才的预测过程你也看到了，需要我们先算出留存收益的增加额，再确定需要增加的融资额，如果我们借款的话肯定要支付借款利息，这也反过来影响留存收益，这就是个循环。为了避免这种情况，我们假设计划销售净利率可以涵盖增加借款所产生的利息，但这也会有一定的不确定性。"灵樨说道。

林正东想了想，说："基期的作用不容小觑。"

"借用一句莎士比亚在《暴风雨》里说的话——'凡是过往，皆为序章'。"

"除了这个方法，有没有更精确的方法？"

"有，回归分析。利用一系列历史资料求得各资产负债表项目和销售收入的函数关系，然后基于计划销售收入预测资产、负债数量，最后预测融资需求。"

"$y = a + bx$？线性回归？"林正东忽然想起了数学方程式。

"是，通过线性关系求解直线方程。如果条件允许，也可以建立综合数据库，用系统建模预测，随时更新数据，既快又准。"灵樨说道。

"投入不小，我们目前还不具备这些条件。"

"未来有无限的不确定性，利用再科学精密的方法也无法预知一切。决策可以根据过往的经营状况考虑，但归根结底还是面向未来的。预测虽然有如此多的不确定性，但它却有助于应对未来的变化。越是不可控的，收益也就越大。彼得·德鲁克曾说：'没有人能够左右变化，唯有走在变化之前。'咱们共勉吧。"

财务笔记

1. 各项目销售百分比 = 基期资产（负债）/ 基期销售收入

2. 各项目经营资产负债 = 预计销售收入 × 各项目销售百分比

3. 融资总需求 = 预计净经营资产合计 − 基期净经营资产合计

4. 留存收益增加 = 预计销售收入 × 计划销售净利率 ×（1−股利支付率）

5. 销售百分比法是假设资产、负债与销售收入存在稳定的百分比关系，根据预计销售收入和相应的百分比预计资产、负债，然后确定融资需求的一种财务预测方法。

6. 回归分析法是利用一系列历史资料求得各资产负债表项目和销售收入的函数关系，然后基于计划销售收入预测资产、负债数量，最后预测融资需求的一种方法。

预测一下销售额吧

"有没有办法预测到明年的销售额呀?这个销售额 1000 万元也就是我的预期值了。"林正东看灵樨这么轻轻松松地就把需要筹集资金的额度给算出来了,那对于预测明年的收入,也是有办法的吧?

"灵樨姐肯定有办法。"小米还没等灵樨说话就抢先帮灵樨回答了。

"还真有,根据时间的变迁进行预测。"灵樨说道。

"我就说你是我的福星。"林正东越来越觉得,灵樨这个财务他是请对人了。

"预测销售额倒真有几种方法,最简单的就是移动平均法,取前面几个月或几年的销售额,一平均,得到的就是下面一个月或一年的销售额。这种方法简单,但是准确率不高,没有考虑周期性、季节性的因素。精确一点的用加权移动平均法,但也不是百分之百精确。"

"你肯定有办法。"林正东听了听,觉得这都不是重点,既然灵樨不准备用这些精确度不高的方法,那她肯定有更好的办法,他完全相信灵樨的能力。

"再精准的预测也不可能百分之百准确。不过可以试试指数平滑法。这是用过去的预测值和过去的实际值预测现在或者将来的一种方法。"灵樨说道。

"需要我或者业务部门提供什么,我们全力配合。"

"谢谢,有你这句话就足够了。不过你也别太不把移动平均法当回事儿,指数平滑法说到底也是移动平均法中的一种。它的基本公式是这样的:

$$S_t = \alpha \times Y_t + (1-\alpha) \times S_{t-1}$$

其中:S_t为时间t的平滑值;Y_t为时间t的实际值;S_{t-1}为时间$t-1$的平滑值;α为平滑常数,其取值范围为[0,1]。

"根据平滑次数不同,指数平滑法一般分一次指数平滑法、二次指数平滑法和三次指数平滑法等,当时间序列无明显的趋势变化,可用一次指数平滑法预测。但它也会有明显的滞后性,就需要被二次修正,也就是二次指数平滑法。预测中最关键的在于α的选择,一般的取值方法是:数据的波动越大,取值越大;数据的波动比较平稳的话,α的取值就小一些。"

"是不是有个标准,不会是随意取值吧?"林正东问道。

"在财务领域里,随心所欲真是奢望。α值的选择基本按波动的强中弱分三个波段:当时间序列呈稳定的水平趋势时,α取较小值,如0.1~0.3;当时间序列波动较大,长期趋势变化的幅度较大时,α应取中间值,如0.4~0.5;当时间序列具有明显的上升或下降趋势时,α取较大值,如0.6~0.8。你看,我手上刚好有1月至8月的销售额,我们就预测下9月的销售额吧。一次指数平滑法公式如下。

$$F_t = \alpha \times X_{t-1} + (1-\alpha) \times F_{t-1}$$

"X即实际值，F即预测值。我们把 α 分别取值0.2、0.6和0.8试试，取误差小的。先试0.2，平滑系数 α = 0.2 的话，阻尼系数（1–α）就为0.8。我们通常是从第二期的预测值开始的，第二期的预测值等于第一期的实际值。从第三期开始，每一期的预测值 = 平滑系数 × 上一期的实际值 +（1– 平滑系数）× 上一期的预测值。我们看下我们的销售预测表，1月销售额为50万元，2月销售额为40万元，第一期预测值为0，第二期预测值就为50万元，第三期预测值 = 0.2 × 40 +（1–0.2）× 50 = 48万元，以下每一期都带入公式以此类推。"

指数平滑销售预测表

单位：万元

月份	销售额	平滑系数0.2（阻尼指数0.8）时的预测值
1月	50	0
2月	40	50
3月	45	48
4月	48	47.40
5月	30	47.52
6月	35	44.02
7月	43	42.21
8月	52	42.37
9月		44.30

"灵樨姐，这要是每一期都要手工计算，得算到什么时候呀！"小米不禁觉得麻烦至极。

"可以用Excel表格处理，这样可以同时输出误差，还可以选择同时输出图表，看起来更直观一些。

"打开一个空的 Excel 表，点击'数据—数据分析'，调出'指数平滑'，然后在输入部分选取全部实际值，输入阻尼系数，输出部分为你想将答案写在什么地方就选哪个格，底下勾选'图表输出'和'标准误差'，点击'确定'就可以了。当 α 值为 0.6 和 0.8 时，用同样的步骤操作一遍就可以了。"

指数平滑销售预测表

单位：万元

月份	销售额	预测值（平滑系数0.2，阻尼系数0.8）	误差	预测值（平滑系数0.6）	误差	预测值（平滑系数0.8）	误差
1月	50	0					
2月	40	50		50		50	
3月	45	48		44		42	
4月	48	47.40		44.60		44.40	
5月	30	47.52	6.04	46.64	6.13	47.28	6.38
6月	35	44.02	10.27	36.66	9.82	33.46	10.34
7月	43	42.21	11.38	35.66	9.85	34.69	10.23
8月	52	42.37	11.39	40.06	10.54	41.34	11.11
9月		44.30		47.23		49.87	

"通过表格可以看出，平滑系数为 0.6 时误差最小，选 α 为 0.6 时的预测值。"灵樨不但手工计算了一遍，又用 Excel 表格计算了一遍。

"感觉我得重新学习数学了，越听越觉得怎么都是数学公式呀。"小米的脑袋瓜最怕听见数学公式了。

"财务虽是文科专业，但如果想往上走的话，还是得用数学的思维，否则会过早地碰到瓶颈。"灵樨又在劝小米好好提升自己的数学思维了。

"为什么在计算的时候，明明已经有了过去的实际值，还需要考虑过去的预测值？"朵朵看完整个计算过程，认为这点是多余的考虑。

"一些企业实际值变化幅度过大，这时就需要参考过去的预测值。"

"这个方法这么好用,我是不是还可以用来预测我的体重呀?"小米决定将这个方法发扬光大,拓展些新领域,也好发挥它的价值。

"只要有足够的历史数据,你也可以预测天气,甚至可以预测中短期经济发展趋势。"

"那我可要好好研究一下,说不定我能成为下一个'预言帝',哈哈。不过为什么是中短期呀,长期不行吗?长期才够神秘。"

"长期预测的效果较差,有损你'预言帝'的名声。"灵樨说道。

财务笔记

1. 指数平滑法是移动平均法的一种,其特点在于给过去的观测值不一样的权重,即较近期观测值的权数比较远期观测值的权数要大。根据平滑次数不同,指数平滑法分为一次指数平滑法、二次指数平滑法和三次指数平滑法等。但它们的基本思路都是:预测值是以前观测值的加权和,且对不同的数据给予不同的权数,新数据给予较大的权数,旧数据给予较小的权数。

2. 当时间序列呈稳定的水平趋势时,α 取值较小,如 0.1～0.3;当时间序列波动较大,长期趋势变化的幅度较大时,α 应取中间值,如 0.4～0.5;当时间序列具有明显的上升或下降趋势时,α 取较大值,如 0.6～0.8。

加急加急，客户要追加订单

"林总，不好了，咱上个月新接的客户，要求追加订单。"业务员小张火急火燎地找到林正东汇报。

"这不是好事吗，你着急什么？"林正东看小张着急得直转圈，绯红的脸色和脸上细密的汗珠透露出他内心的焦急。这种感觉让见到他的人也莫名跟着着急起来。

"别急，先喝口水，你慢慢说。"灵樨也安抚着小张，并递上一杯水让他缓缓。职场中的情绪确实极易传染，也会影响自己的上升空间，控制自己的情绪，让自己保持沉稳，也会增加别人对你的信任感。

"是这样的，这个客户是我们之前的客户介绍过来的新客户，当时已经就合同事宜谈好了。他们当时订制了 10 个优质音箱，箱体上全部要求雕刻名字及他们提供的纹路图案。这种图案对木质也有一定的要求。考虑到客户的诉求，我们和技术人员沟通并做出评估后决定接受订单，随后第一时间给工厂那边下了单开始制作，要求工厂 45 天交货——这已经在要求工厂那边加班赶制了。刚刚客户在收到我们的传样后，追加了 30 个，因为这款音箱的独特性，费时、费力、费料，追加订单会影响我们其他款式的产量。"小张被递上来的温水平复了情绪，缓了缓后简明扼要地说明了重点。

"这倒是有些棘手，追加后的工期呢？"林正东听后问道，其实他心里大概知道了问题的关键点在哪儿——如果对方给了充裕的时间，小张不会急成这样。追加 30 个订制款，说明这种订制款有一定的市场潜力。

"因为对方的这批音箱是用于周年庆典的礼品，因此对方只给了 50 天时间。"小张说道。

"50 天！"林正东也惊了，这怎么够？从他手里出去的产品，绝不允许有品质不过关的，但这时间太紧，确实是让他措手不及了。

"这个事情确实棘手，你们先别急。"灵樨一边宽慰他俩一边寻思。

"怎么能不急，10 个的总工时就需要 350 小时，还得加上运输的时间。要做 30 个却只有 50 天时间，这怎么做得出来？"小张有些激动，说话也急了些。他着急呀，要是丢了客户，说不定还会影响到作为介绍人的老客户。

"这里面有一个学习曲线，可能雕刻第一个音箱时会耗费比较久的时间，但熟练以后用时就会大大缩短。"灵樨听懂了发生了什么事，于是说道，"我们只要算出追加的 30 个音箱需要多少工时，就可以确定能不能在对方提出的时间内交货了，同时也可以争取分批交货。"

"小张，你立即与工厂联系。"林正东立刻吩咐道。

"联系过了，说是时间太短，做不出来。"

"你刚说做 10 个需要 350 小时是吧，我算下追加的这 30 个需要多少时间。"灵樨立马拿出纸笔算了出来。

林正东望向灵樨，他知道，灵樨这样说，肯定是有办法。

"通常，累积生产数量每增加 1 倍时，取决于学习范围的大小，单位生产时间将减少 10%～20%。单位生产时间减少 20% 的学习曲线，我们称之为 80% 学习曲线。单位生产时间减少 10% 的学习曲线，称为 90% 学习曲线。考虑到我们的工人都是经验丰富的熟练工人，学习曲线就定为 80%。生产 10 个音箱的工时是 350 小时，按 80% 学习曲线计算就是 350×80% = 280 小时。生产 20 个的总工时就是 280×2 = 560 小时；当生产 40 个时，按 80% 学习曲线计算就是 280×80% = 224 小时，总工时就是 224×4 = 896 小时。"灵槭一边说一边写。

音箱产量与对应工时

产量 / 个	平均工时 / 时	总工时 / 时
10	350	350
20	280	560
40	224	896

"896 小时！看吧，50 天根本不可能。"小张更加沮丧了。

"别急，这是生产 40 个音箱的时间，我们需要知道的是生产 30 个的时间，还需要扣除 10 个的时间，896–350 = 546 小时。嗯，546 小时，确实赶了些。"灵槭看着计算结果。

"也不是没可能，我去和工厂谈，请他们加班加点，工资翻倍。你再联系下客户，我和他们沟通一下。"林正东边走边安排道。

"灵槭姐，要不是你算出来工时数，我们真要被工厂拒了。"小米说道。

"这就是预测的能耐呀。怎么样，立志要做'预言帝'的某人是不是也要学起来呢？"

"要，要，要。"小米头点得如小鸡啄米。

"学习曲线是预测的一种方法，用于预测随着生产熟练程度的提高而相应降低的劳动力成本，是成本估计的一种方法，也可以运用到公司战略的设计上，比如产品报价、营运成本和投资成本的决策上。根据公司或个人不断增长的知识来估计成本，随着知识的增加，成本也将会下降。但它也有不足之处，虽然说熟能生巧，在某个临界点之前，通过学习能提高生产效率，但在该临界点处生产率达到均衡，成本就会趋于稳定。

"还有，生产 10 件产品与 100 件产品所需要的生产准备时间、各生产环节间的转换时间是一样的，因此一次生产的产品越多，分摊到每件产品上的准备时间和转换时间就越少，单位生产效率也就越高。不过它仅适用于劳动密集型企业，如果都是机器人操作的企业，那无论如何也测不出学习曲线可减少的成本的。"灵槸适时地把什么是学习曲线以及原理给她俩解释了一下。

"哈哈哈哈，机器人一上手就比最熟练的工人还快。"小米完全赞成科技改变世界的看法，只是她有时也担心自己有一天会被机器人取代，毕竟会计界著名的'四大'会计师事务所已经引入机器人工作了，她要再不努力，就真要被机器人挤下岗了。

"学习曲线也可以运用在个人学习上，你俩好好想想要怎么运用，提高一下自己的学习效率。"

04 怎么做财务预测

财务笔记

1. 学习曲线是一种系统性的成本估计方法,根据企业、个人、团体不断增长的知识来估计成本。

2. 学习曲线会越来越平坦,在某个临界点之前,通过学习能提高生产效率,而在该临界点处,生产效率达到均衡,成本就会趋于稳定。

3. 学习曲线最适合用于预测劳动密集型产品的生产。

最高报价是多少

"灵樆,你觉得我们这批40个订制音箱,最高报价应该定多少?"林正东刚走不久就又折了回来。

"怎么,还没有报价吗?"

"前面10个的给过报价了,这次追加了30个,对方如果要重新签合同,或许会要求给一个整体40个的报价。数量上增加了,对方可能会压价,我要做好两手准备。"林正东还是考虑得周全些,商场上的事情瞬息万变,签了合同也有可能撕毁合同。

"好,我给你算下。"灵樆听完二话没说就答应了林正东,作为财务人员,各种数据预测她不在话下。

"我就知道你有办法。"林正东松了一口气。

灵樆找来统计报表,她对公司的产品都做了详细的统计分析及成本测算,平时这些数据就安安静静地"躺"在她的电脑里,可一旦要用到,就体现出不可估量的价值了。灵樆做财务这么久,天天写写算算,知道数据的重要性。

何况近年来现下火爆的大数据，不也是在做数据吗？

"成本加成定价法比较常见，也就是在产品成本的基础上增加一部分盈利的方法。"灵樱一边提取数据一边说道，"先估算出单位产品的变动成本和固定费用，并按照预期产量把固定费用分摊到单位产品上去，加上单位变动成本，求出全部成本，最后再将全部成本加上按目标利润率计算的利润额，就可以确定价格了。"

"嗯，听起来不是很复杂，这些数据有吗？"林正东听完，马上问出了关键所在。

"我们过去也都一直在生产这款音箱，这就方便很多了，我把相关成本列了出来，你看。"

音箱产量与材料、人工的对应关系

累计产量/个	总累计材料/元	总累计人工/元
10	30,000	60,000
20	60,000	96,000
40	120,000	153,600

"公司的变动成本是基于直接人工分摊的，每1元直接人工分摊1元变动成本，而40个音箱所产生的固定成本按照以前的数据显示，可以得出为50,000元，我们把总成本确定出来再加上成本加成就可以确定价格了。"

"最高加成不超过20%。"林正东说道。

"好的。我们先确定总成本，也就是说料、工、费合起来一共是多少。材料成本好说，40个是120,000元，固定成本是50,000元，变动成本又和直接人工相同，知道直接人工数就可以算出总成本了。"灵樱将数据一一写下。

生产 40 个音箱的成本

项目	成本 / 元
材料	120,000
固定成本	50,000
变动成本	?
人工成本	?

"人工成本好说，查下他们的工资就知道了。"林正东觉得这个可以直接从工资成本得出。

"哈哈，可不能这样算。工人的工资是一个月的劳动所得，他们可不是一个月只生产这一种音箱的。"灵樨笑道。

"呵呵，病急乱投医，净瞎说了。"林正东不免自嘲起来。

"这个问题可以用刚才的学习曲线分析方法来解决。"刚才已经说过学习曲线了，灵樨也就没多废话，直接画起简表算了起来。

"生产 20 个音箱的总人工成本是 96,000 元，每个音箱的平均人工成本就是 96,000 / 20 = 4800 元，10 个就是 48,000 元，对比得出学习曲线是 80%。

音箱产量与人工的对应关系

产量 / 个	平均人工成本 / 元	总人工成本 / 元
10	60,000	60,000
20	60,000 × 0.8=48,000	96,000
40	48,000 × 0.8=38,400	153,600
80	38,400 × 0.8=30,720	30,720 × 8=245,760

"80 个的累计人工成本 = 30,720 × 8 = 245,760 元，减去 40 个的就是 92,160 元（245,760 −153,600 = 92,160 元）。在这里填上 92,160，我们就可以

算出总成本了。"

生产 40 个音箱的总成本

项目	成本 / 元
材料	120,000
固定成本	50,000
变动成本	92,160
人工成本	92,160
合计	354,320

"报价最高加成不超过 20% 的话，最高报价就为 425,184 元（354,320 × 1.2 = 425,184）。"灵樾把写有报价的纸递给林正东。

"这样我心里就有数了。"林正东接过，仿佛心里吃下了一颗定心丸，知道这个价格，他就可以和客户协商了。

财务笔记

1. 成本加成定价法，是在产品成本的基础上增加一部分盈利的方法。先估算出单位产品的变动成本和固定费用，并按照预期产量把固定费用分摊到单位产品上去，加上单位变动成本，求出全部成本，最后再将全部成本加上按目标利润率计算的利润额，就可以确定价格了。

2. 全部成本作为定价基础的定价方法步骤是：

第一步，估计单位产品的变动成本（如直接材料费、直接人工费等）；

第二步，估计固定费用，然后按照预期产量将固定费用分摊到单位产品上去，加上单位变动成本，求出全部成本；

第三步，在全部成本上加上按目标利润率计算的利润额，即得出价格。

3. 定价模型的选择：如果商品或服务的市场价格已知，优先使用市场价格模型；如果无从得知商品或服务的市场价格，优先采用协商价格模型。尽量不采用两种成本模型，因此这容易导致卖方不积极控制成本；如果必须使用成本模型，尽量使用标准成本来定价。

能获得多少利润

"灵樨，马上就要到音乐节了，我想借着这个活动，卖一批小型的随身智能音箱。"林正东一早见到灵樨，就说出了最近一直在考虑的事情。年轻人在追求生活品质的同时也要求便捷。人人都有手机，只要下几个 App 就可以听起来，音乐、书、讲座、TED（一款安卓应用程序）无所不能听，简直不能更方便。如果能用小型随身音箱连接手机，既方便又保证了音质，同时林氏商贸有限公司也可以开拓出另一个利润增长点。

"想法不错，我们要自己研发新品还是做购销？"灵樨对林正东的市场敏锐度还是相当认可的，这几年创业，能活下来就不容易。

"如果做新产品研发的话，我们需要的前期投入比较大，从融资到科研再到销售，我们这种中小型企业承担不起。老家那边虽然舅舅的手艺没的说，但论起高科技来，他还略显落后，这一点我也一直头疼。引进新的生产线还是找其他工厂代工，我也一直在权衡，如果引进新生产线不成功，这个试错成本就太大了。"林正东不无担心地说道。

"只有勇于尝试才能找到正确的出路,没关系,我们一步步来。"

"我前段时间考察了一下智能音箱市场,发现还是很有利可图的。"

"说来听听,需要我做什么。"搭档这些年,灵棋对林正东可是熟悉得不能再熟悉了。

"智能音箱这块的需求量还是挺大的,别看东西小,里面专利可是随处可见,就连外观都有设计专利。所以我们自己生产这条路先暂时不考虑,我想先进些好销售的畅销款,搭着这波音乐节的风先探探行情。"林正东说出了自己的考量。

"嗯。"

"一下子进货多少我不敢贸然确定,想让你帮我测算下利润。"

"这个没问题。因为是购销款,我手头上没有必需的数据,这就需要你做市场调研,提供这些数据了。"灵棋听到林正东的诉求,一口就答应了,这个对她来说不难,建模、测算、分析这本来就是她的工作内容。

"都需要什么数据,我这就去采集。"林正东看灵棋这么爽快地答应,提供些数据是理所应当的,没有数据的支撑,测算出来的结果也不准确呀。

"我需要知道你计划采购的数量和对应的音箱成本,以及你对市场和销售水平的预估。"灵棋把需要用到的数据告诉林正东。

"这些都有,你看。"看来林正东是有备而来,这些功课都做得足足的。

采用音箱的数量及对应成本

数量/个	成本/元	销量/个	可能性/%
2000	150,000	2000	15
3000	210,000	3000	20
4000	260,000	4000	35
5000	300,000	5000	40
6000	330,000	6000	30

灵樨接过数据看了下，把成本一个个换算成单位成本，问道："你准备每个音箱卖多少钱？"

"估计每个可以卖百十块吧，我准备定价79元。如果音乐节没有卖完，还可以把剩下的打包处理给楼下的电子产品店，一个也能卖35元钱。"他连后路都想好了。

"你打算先进货5000个？"灵樨看他估计的销量中5000个的可能性最高，判断林正东是要按这个数量进货。

"是的，你觉得我买进5000个来卖，能有多少利润空间？"

"嗯，这个算起来倒容易多了，收入减成本就是利润。"灵樨说道。

"理论是这个理论，如果5000个都在音乐节卖完，倒是皆大欢喜了。"林正东认为灵樨在开玩笑。

"那就先估算出预期销量，再根据销量算出收入。"灵樨边说思路边算，"按照预估概率算——

预期销量 =2000×15% +3000×20% +4000×35% + 5000×40%=4300个

"也就是说4300个可以在音乐节期间卖掉，而剩下的700个就要打包处理给电子产品店了，这样收入就是这样的。

4300×79 +（5000−4300）×35=364,200元

"5000件的成本是300,000元，可以获得364,200−300,000 = 64,200元的利润。"

"这样看来这个生意可以做。"林正东看到计算结果验证了他的想法，

再次肯定了这个生意的可行性。

"从测算结果上来看是可行的，只要你估计的销售可能性没多大出入。"灵樨说道。

"你这又是什么方法？"林正东现在的注意力在灵樨的分析方法上，他决定多做几个市场预测。

"名字很贴切，叫期望值分析法，正好用来预测你的期望值。"

"好像关键是发生的概率是多少，是吧？"林正东从灵樨刚才的计算方法上判断。

"期望值就是各种可能性的加权平均，在面对客观不确定的情况时，期望值对各种可能性进行了综合的考虑并以此做出预测。也可以用它来预测下一年度的销售额，或者预测某项投资是否可行。"

"它还可以预测投资的可行性？"

"是的。只需将各种情景下的预测值与该种情景发生的概率相乘，再将得出的结果加总即可。比如我们有一项投资选择，有65%的可能性赚到50万元，也有35%的可能性亏损100万元，面对这样的选择，你是进行这笔投资还是放弃这笔投资？"灵樨看出林正东关注的焦点所在，于是举了个例子告诉他怎么用这种预测方法进行投资选择。

"投，赚钱的概率远高于亏损，富贵险中求呀！"林正东凭直觉做出了选择。

"我们用数学的方法来确定该怎么选。"

$$预期利润 = 50 \times 65\% - 100 \times 35\% = -2.5 \text{万元}$$

"很明显，这项投资会让我们遭受损失，平均亏损2.5万元，由此可以确定投资并不合适。"灵樨用计算结果告诉林正东，凭直觉做出的决定往往是不准确的。

"还是得相信科学呀。"

"预测毕竟是预测，真实的结果是怎样的，只有在事情发生之后才会知道。任何预测方法都有它的不足和限制。就说这期望值预测吧，它计算的可靠性完全取决于每种情景的可能结果和各种情景的指定发生概率这两者的可靠性。如果与这两者相关的假设中有任何一条假设在可靠性上存在疑义，所计算的期望值就不能作为合理的决策制定依据。

"另外，在使用人上，像你这样偏好风险的人一般就不适合采用这种方法，厌恶风险的人同样也不适合采用，只有风险中立者才可以使用。"灵樨补充道，"正如'尽信书不如无书'，预测方法也是一样。期望值毕竟是基于反复多次尝试产生的结果，而实际中的经济业务却只会发生一次。"

财务笔记

1. 期望值是在面对不确定性的情况下，考虑了风险的各种可能性的预测方法。

2. 期望值公式具体为 $EV = \sum S \times (P_x)$。EV 表示期望值；S 为某种情景下具体的销售额预测值；P_x 为相应情景发生的概率。

05 怎么做财务决策

卖多少钱才够本

"灵樨姐,你可来了!"朵朵一看到灵樨,像见到救命稻草一样,立马追了上来。

"什么事呀,怎么把我们的小姑娘难为成这样?"灵樨一看到朵朵涨红的脸和眼睛里打转的泪花,就意识到这丫头大概是又跟自己轴上了。

"是刘洋哥又欺负我们朵朵,说她连个数都算不出来。"小米竹筒倒豆子般一股脑把前因后果都说了出来。

"他要什么数?"

"他想知道我们公司的那款低音炮音箱要卖出多少件才能保本。"

"哦,你觉得应该怎么算?"灵樨不答反问。

"我,我……"看来朵朵是没找着思路。

"刘洋让你算的,在财务术语上就是让你找出这款音箱的盈亏平衡点。那你觉得怎么才能盈亏平衡呢?"

"收支相抵的时候。"朵朵顺着灵樨的引导入了门。

"对，收支相抵的时候。你算出这个数不就知道了。"

"可是知道收入要先知道销量，刘总问的就是销量呀。还有成本、税金，也要都知道才可以算呀。"朵朵还是不解。

"你这样就把自己绕进死循环了，实际工作不比课堂讲课，什么条件都会告诉你，理论要转化成实际工作才行。盈亏平衡点呢，就是营运盈亏平衡点，就是总收入等于总成本时的产出水平。也就是说，盈亏平衡点的营业利润为0，也就是收入减成本等于0。"

$$营业利润 = 营业收入 - 营业成本 = 0$$
$$营业收入 = 单位售价 \times 销量$$
$$营业成本 = 变动成本 + 固定成本$$

灵樨把分析步骤一步步写出来，帮助朵朵理解。

"固定成本就是无论产出量如何变化，总量都保持不变的成本。就像诗里说的那样，'你见，或者不见，我都在那里'。比如房租、折旧、广告费、管理人员工资，这些不论风吹雨打、斗转星移都要支出的成本就是固定成本，而且它不会随着产量的增加而增加。而变动成本就是总量随产出量变化成正比例变动的成本。比如直接材料、直接人工等。这些数字你是不是可以通过成本分摊等方法估算出来，或者是不是可以找销售部门了解一下情况？"

"嗯，这款音箱的售价是每台3000元，固定成本是40,000元，单位变动成本是2000元。"朵朵翻着报表估算出了数。

$$（3000 \times 销量）-（2000 \times 销量）-40,000 = 0$$
$$（3000-2000）\times 销量 = 40,000$$

销量 =40,000/1000=40 个

"也就是说，卖出 40 个才能保住本，多于 40 个就能产生盈利。这里收入减去变动成本就是边际贡献，所以也可以直接用固定成本除以单位边际贡献来计算。"

"单位边际贡献？"

"是的，所以这种方法也叫边际贡献法。边际贡献可以通过百分比来表示。"

"加个百分号吗？"小米想当然地认为百分比都是除以 100 换算来的。

"是除以售价，可不是直接加个百分号。"灵樨纠正道，"你说这款音箱的边际贡献百分比是多少？"

"33%（1000/3000×100% = 33%），意思就是说，每 1 元收入里有 33% 是边际贡献，是给企业的贡献，剩下的 67% 就是变动成本率，就是产品自身的耗费。"

"哦，边际贡献越高，获利就越高，所以要想获利就得降低变动成本是不是？"小米像发现了新大陆似的兴奋，她没想到刘总只是让算个销量，就能带出这么多信息。

"我发现财务越来越有意思了，一个小小的数字竟然有这么大的信息含量。"

"著名的管理大师彼得·德鲁克不都说了，'知识是有力量的，它控制着机会的获得和自己的进步'。"

"嗯，学海无涯。哈哈。"

"正好，销售部提了这个季度的营销方案，还为其中一款音箱制定了 3 种营销方案。这款音箱的单位变动成本是 1500 元，你告诉我选哪个方案。"

灵樨正好把早上开会提到的方案交给了小米。

"好呀好呀，我现在正有劲儿没处使呢。"小米一副摩拳擦掌的样子。

"方案一：销售价格为 2500 元，销售人员可提成 10%，不做广告所以没有广告费支出，估计一年销售 50 个。方案二：销售价格为 2800 元，销售人员同样提成 10%，广告费 45,000 元，估计年销售可达到 80 个。方案三：将音箱以 2000 元的价格批发给某销售商，这样没有任何销售费用，可以销售 120 个。"

"我选方案三。"小米听完就做了选择，完全没有思考。

"理由？"

"薄利多销呀，你看方案三都卖 120 个了，方案一只能卖 50 个，肯定不选方案一。"小米还挺有理。

"用数字说话。"

"好吧，我只要算出哪个最赚钱、哪个最不赚钱就好了。赚不赚钱你刚才才说过，边际贡献越高，获利就越大，我算边际贡献就 OK 了。"小米觉得自己这会儿无比聪明。

方案一：边际贡献 =（2500−2500×10% −1500）×50= 37,500 元。

方案二：边际贡献 =（2800 − 2800×10% −1500）×80 − 45,000 = 36,600 元。

方案三：边际贡献 =（2000 −1500）×120 = 60,000 元。

"看吧，选方案三吧……咦？怎么方案一比方案二还赚钱？"小米看着自己的计算结果诧异道。

"方案一虽然卖的价格低，销量也少，但它没有广告费支出，所以总体的盈利是大于方案二的。"朵朵发现了差异的关键所在。

"所以,以后要避免想当然地说话,特别是在没有计算出数据之前,一定要严谨。财务人员想当然地说话,只会让人质疑你的专业性。"小米脑子是挺活的,就是不够谨慎。

财务笔记

1. 盈亏平衡点指当总收入等于总成本时的产出水平。盈亏平衡点常用公式:收入－变动成本－固定成本＝营业利润;(单位售价 × 销量)－(单位变动成本 × 销量)－固定成本＝营业利润。

2. 固定成本是指相关范围内无论产出量如何变化,总量都保持不变的成本。变动成本是指相关范围内总量随产出量变化成正比例变动的成本。

3. 边际贡献相关计算公式:边际贡献＝营业收入－变动成本;边际贡献百分比＝边际贡献/营业收入。

4. 本量利分析有4个基本假设条件:线性,假设在相关范围内,收入和成本是线性的;确定性,各个参数已知或能被合理估计;产量等于销量;品种结构稳定。

这个部门要不要留下

"小米,你又欺负朵朵了?"灵樨一进门就看到朵朵坐在椅子上发呆。

"我们相亲相爱还来不及呢,我怎么舍得欺负她。"小米拿出最爱的彩虹棉花糖给朵朵,"亲亲宝贝,笑一个,不然要出皱纹了。"

"告诉姐姐,谁欺负你了?"小米又是哄又是逗的。

"没有没有,不是小米。是我男朋友,他想让我去读 MBA。"

"好事呀。"

"嗯,我也觉得应该继续深造,可是他选的都是全日制的课程,我拿不定主意要不要辞职。"朵朵把这几日萦绕在心中的困惑说给灵樨听,她不知道自己是不是应该辞职去考试,她舍不得这份工作,却又想继续深造。在她面前的"鱼和熊掌",她都想要。

灵樨没有告诉她要不要辞职。灵樨可以在她迷茫时帮忙"吹一吹烟雾",却不会告诉她应该怎么做。每个人的人生都是自己选择的,就连父母,也无权替你做决定。人生,要自己走过,才叫自己的人生。

"读 MBA 是好事，但是要不要辞职，这需要你自己做决定。既然我们是做财务的，就从财务管理的角度去分析一下要怎么选吧。"灵樨说道。

"这也可以用财务来分析？"小米惊讶得目瞪口呆。

"人生的选择题，无非是想清楚你到底要什么，你可以放弃什么，你放弃的成本又有多大。用财务的话来说，是不是收益大于成本，又或者成本大于收益？"

"人生的成本和收益又要怎么确定？"朵朵不解地问道。

"拿你现在面临的问题来说，你想要的收益就是获取 MBA 的证书，提升学识，或许还可以获得人脉。而成本就是你要为此付出的金钱、时间及脑细胞。我们先除掉那些看不见的得失，算算你的经济成本是多少。你要读的 MBA 的学费是多少？几年制？"

"两年，学费大概是 20 万元。"

"好，按 20 万元算。MBA 要读两年，这期间的生活费和其他花费怎么着也得 10 万元，那这两年的支出就是 20+10 = 30 万元。你现在一年的收入是 10 万元，如果你辞职，还要损失掉两年的收入 20 万元，算下来，你 MBA 学习年度的经济总成本是 50 万元。"

"为什么要加上收入呀，只算朵朵需要花多少钱不就行了？"

"30 万元是显性成本，这是你所有的花费；而收入 20 万元是你的机会成本。用放弃工资收入的机会成本加上学习期间的所有花费，才是你的总成本。"

"别上了别上了，50 万元呀，要不你读在职的吧。"小米一听要花 50 万元就"肉疼"。

"小米，你不是朵朵，与她的成长经历和生活环境不同，所受的家庭教育、性格乃至眼界和对人生的规划都不相同，你又拿什么替朵朵做决定？你那么爱看电影,《了不起的盖茨比》总看过吧？男主角是不是说过：'我年纪还轻，阅历不深的时候，我父亲教导过我一句话，我至今还念念不忘：每逢你忍不住想要批评别人的时候，你都要记得，这个世界上并不是人人都拥有你的优越条件。'想想，你是朵朵吗？"灵槑有些生气，她知道小米只是热心肠，可这种选择是会影响人的一生的。他人只能基于自身的经历、格局来提供意见，可以教给对方思维方式，但不能替对方做决定，这是对人对己的尊重。

小米意识到了自己的不成熟，转而对朵朵说道："朵朵，虽然不舍你辞职，但无论你做什么决定我都支持你。"

"谢谢，我会认真考虑的。"

"既然说到了怎么做决定，公司和人一样，都有取舍两难的时候，公司在取舍上，也是从成本分析出发的。比如保留还是淘汰一种产品，裁掉还是留下一个部门，都可以对比收益和支出来判断。"

"灵槑，我需要你帮我算一下3号生产部门的盈利情况。"林正东一见到灵槑就安排工作，"另外，销售部提议将806号产品进一步加工一下，和其他产品组成系列销售。你觉得是否可行？能不能从财务角度分析一下？"

"好的。"

灵槑立马调出该产品的相关数据，拉出来表格，着手计算。

3号生产部门利润情况

项目	利润/元
销售收入	200,000
变动成本	100,000
边际贡献	100,000
产品经理工资	100,000
产品广告费	30,000
管理费用	20,000

续表

项目	利润/元
设备折旧	10,000
净利润	−60,000

小时候唱着儿歌《排排坐，吃果果》，现在觉得将数字"排排坐"，更方便理清思路。灵樰的工作习惯就是用表格，简单、清晰还方便，连计算器都省了。

"灵樰姐，这都亏损6万元了，证明这条产品线确实可以裁掉了。"朵朵看着结果说道。

"别急，现在的亏损并不代表裁掉后就有盈利。"灵樰一边说一边接着写。

放弃产品线后的损失

项目	损失/元
损失的边际贡献	−50,000
可避免的产品经理工资	100,000
可避免的产品广告费	30,000
放弃后的净损失	−80,000

"看看，放弃后的损失更大，所以还是要暂时保留才更明智。"

"怎么会这样？"小米和朵朵都不解地问道。

"放弃这条产品线后，产品经理的工资和这部分的广告费就不需要支付了，因此是可以避免的固定成本。而管理费用是因为放弃了该产品线而重新分配到其他产品线上的成本，另外设备还没达到报废条件，转售的价值也不高，所以这部分成本不会随之消失。放弃该产品线所避免的固定成本低于边际贡献，所以选择放弃就不那么明智了。"灵樰简单地说明了原因。

"同理，那806号产品是直接销售还是选择进一步加工，是不是也是比较前后的成本和收入？"朵朵听明白后马上举一反三。

"是的，你只要比较下增量成本和增量收入就可以做出判断了。你看，这款产品单位生产成本是3000元，售价是3800元，进一步加工后，会增加成本1000元，加工后的售价是4500元，收入增加了4500-3800 = 700元，增量成本超过了增量收入，所以就没必要再进一步加工了，直接销售反而是最好的。"

"你刚才说的'可避免固定成本'是什么意思呀？"小米还在消化产品线的问题。

"字面理解就是可以避免的成本。在某个备选方案里，其发生与否完全取决于该方案是否为决策者所采纳。一般来说，变动成本都是可避免成本，某些酌量性固定成本，如广告费、培训费还有相关员工的工资等也属于可避免成本，因为一旦停止某项经营业务，这些费用就不再发生了。

"你们看，不管是保留产品还是淘汰部门，也不管是否要增加新品，这种短期决策在很大程度上取决于相关成本分析及该决策给净营业利润造成的影响。关键点就是找准可避免成本和其他机会成本，只有可避免成本才是需要考虑的成本。仅凭近期净营业利润亏损就做出判断显然是不明智的。如果节省的可避免成本小于将要损失的边际贡献，此时保留比较恰当。

"还记得朵朵问的读MBA的事情吗？你们是不是都忽视了机会成本的存在？企业中也一样，如果存在其他机会成本，比如为生产该产品而放弃的从其他产品中所能获得的收益，这些机会成本也是需要与可避免成本一起计算的。

"一个部门、一条生产线或者一种产品可能在财务上不赚钱，但在战略上是有意义的。该部门是不是成立不久，是否与其他部门或产品形成交互销售的利益？如果解散，会不会带来人力资源上的损失？这些都是决策中需要考虑的问题。知道结果后，还要考虑一下有没有其他的突破点，比如给产品提价、增加销量等。我们作为财务人员不是只提供数据就可以了，还要针对问题想出若干解决方案。"灵楖不仅教会了她俩决策分析的方法，还扩展了工作格局。她是真的用心在带这两个手下呀！

"嗯，灵楖姐，你说的这些让我感触挺深的，被动地工作只是工作，主动地工作才是成长。"朵朵心中豁然开朗了许多，她不再纠结于怎么选择的问题了，青春短暂，也只有青春年华才是自我成长的良机。有句话说得好：你不能延长生命的长度，但可以拓宽生命的厚度。她想，她知道该怎么做了。

财务笔记

1. 可避免成本：通过某项决策行动可以改变其数额的成本。

2. 机会成本：在决策过程中面临多项选择，当中被放弃而价值最高的选择。

该换设备了

"你们看最新的苹果发布会了吗?"小米这个忠实的"果粉"可是每逢上新必换机。

"没有,不感兴趣。"

"朵朵,你的生活可真乏味。新时代女性要时刻关心潮流,也要站在时代的前沿、科技的前端,及时给自己的电子设备更新换代就是最好的体验科技的方式。"小米啧啧摇头,她对朵朵对追赶科技潮流不感兴趣的做法总是无法认同。

"你这种谬论是洗不了我的脑的,关心科技也用不着追新弃旧。"朵朵嫌弃小米乱花钱。

"那你说怎样才算关心科技?难道不是自己体验过才有发言权吗?难道看几个 TED 演讲,关注下硅谷新闻就是关注科技了吗?"小米信奉用过才有发言权。

"那也不用每逢新机必换吧,苹果每年出新你每年换,从经济学角度来说,它也不能给你带来什么经济收入。"朵朵是彻头彻尾的务实主义者。

"体验是不能用钱度量的。喜欢才最重要，有钱买不来我乐意。是吧灵樨姐？"小米开始寻找同伴，试图获得人数上的胜利。

当享乐主义碰上实用主义，一地鸡毛。

"你们这最佳辩手争霸赛又开场了吗？"灵樨刚开完会回来，就看见这俩在那里又开启了新一轮的辩论。

"灵樨，对于购买新设备的方案，你觉得是否可行？"刘洋追上来说道。

"刘总，对于这个方案是否可行，我需要测算过之后才能给你确切的答案，请你稍微等一下。"灵樨在决策方面，向来是看数字的。

"好，那就辛苦你了。"

"灵樨姐，我们要买新设备了？"

"你不是想知道换新的经济价值吗？正好，现在有机会了，你去把这个设备的数据找一下。"灵樨把需要的数据清单递给小米。

小米接过，立刻打开固定资产卡片查找开来，将原价、年限、残值、折旧一一列出后递给灵樨。

灵樨看后，又把需要购买的新设备信息补上。

设备数据

项目	旧设备	新设备
原价/元	80,000	100,000
残值/元	4000	5000
预计使用年限/年	10	10
已使用年限/年	4	0
每年折旧/元	7600	9500
每年营运成本/元	25,000	10,000
目前变现价值/元	20,000	100,000
报废残值/元	3000	6000

"我们现在要判断是否需要替换设备。一般来说，用新设备替换旧设备一般不改变生产能力，也不会增加企业的营业收入，即使有少量的残值变价收入，也不是实质性的收入增加，相应的经营活动现金流入也不会增加，因此只需要比较年金流出量，选择年金流出量最小的就可以了。如果不考虑经营活动现金流入量变动，只比较现金流出量，我们把按年金净流量原理计算的等额年金流出量称为年金成本。这时我们选择的标准是，谁的年金成本最低就选谁。"灵樱一边写一边教她俩面对替换设备的情况要怎么做选择。

"我让小米找的数据就是计算时需要用的，新设备有市场价格，旧设备的市场价格就是它的重置成本或变现价值。残值变价收入可以抵减现金流出，它与原始投资额的差额我们称之为投资净额。年营运成本称年付现成本。"

"也就是说，我们要计算出年金成本，通过年金成本的大小来做出判断？"朵朵明白了。因为是用新设备替换旧设备，所以设备的使用年限会不同。

"我们可以用公式来计算年金成本，但这个公式是不考虑所得税的。

$$年金成本 = \frac{\sum(各项目现金净流出现值)}{年金现值系数}$$

$$= \frac{原始投资额 - 残值收入 \times 一般现值系数 + \sum(年营运成本现值)}{年金现值系数}$$

$$= \frac{原始投资额 - 残值收入}{年金现值系数} + 残值收入 \times 贴现率 + \frac{\sum(年营运成本现值)}{年金现值系数}$$

"贴现率为 10%，我们分别查 6 年和 10 年的现金值系数表。

$$旧设备的年金成本 = \frac{20000 - 3000}{(P/A, 10\%, 6)} + 3000 \times 10\% + 25,000$$

$$= 17,000/4.3553 + 300 + 25,000 = 29,203.29 \text{ 元}$$

$$新设备的年金成本 = \frac{100,000 - 6000}{(P/A, 10\%, 10)} + 6000 \times 10\% + 10,000$$
$$= 94,000/6.1446 + 600 + 10,000 = 25,897.99 元$$

"新设备的年金成本为25,897.99元,要低于旧设备的年金成本29,203.29元,也就是说,使用新设备可以比继续使用旧设备节约3,305.30元。"

"如果考虑所得税,是不是就不能用这个公式了?"朵朵问道。她注意到刚刚灵樨专门强调了此公式不考虑所得税。

"如果考虑所得税,旧设备每年的折旧费是7600元,每年的营运成本是25,000元,那么我们来算一下它的年金成本。

每年折旧抵税 = 7600×25% = 1900元。

每年税后营运成本 = 25,000×(1-25%) = 18,750元。

旧设备目前变现价值为20,000元,目前账面净值 = (20,000 -7600)×4 = 49,600元。

资产报废损失 = 49,600 - 20,000 = 29,600元,可抵税29,600×25% = 7400元。

旧设备最终报废时残值收入为3000元,账面残值为4000元,报废损失 4000 - 3000 = 1000元,可抵税1000×25% = 250元。

旧设备投资额 = 20,000+(49,600 - 20,000)×25% = 27,400元。

旧设备税后残值收入 = 3000 +(4000 - 3000)×25% = 3250元。

每年税后投资净额 = (27,400 - 3250)/(P/A, 10%, 6)+ 3250×10% = 5869.97元。

从而可以知道旧设备的年金成本 = 5869.97 + 18750 - 1900 = 22719.97元。

"我们再来看新设备。每年折旧费为9500元，每年营运成本为10,000元，我们现在来看新设备的年金成本。"

每年折旧抵税 = 9500×25% = 2375元。

每年税后营运成本 = 10,000×（1－25%）= 7500元。

新设备的购买价是10,000元，报废时的残值收入是6000元，报废时账面价值是5000元，税后残值收入 = 6000 －（6000 － 5000）×25% = 5750元。

每年税后投资净额 = （100,000 － 5750）/（P/A, 10%, 10）+ 5750×10% = 15,913.67元。

那么，新设备每年的年金成本 = 15,913.67 + 7500 － 2375 = 21,038.67元。

"新设备的年金成本还是比旧设备的小。"小米激动地说，她仿佛觉得这样就可以证明自己换新机的观念是正确的了。

"嗯，根据计算结果，公司购买新设备的年金成本低于继续使用旧设备的年金成本，这时应该选择购买新设备。但并不是说你换新手机就比继续用旧手机更有经济价值，方法也教给你了，你可以自己算算看，然后用数字再和朵朵辩论。"灵樰一直提倡用科学的方法解决问题，这比说再多的长篇大论都有力量。在和上级交谈时，灵樰也要求她俩首先要在脑海里绘制条理清晰的脉络图，用简单精练的词语表达出来，能一句话说明白的绝对不用两句话，这样双方都轻松，最关键的是不浪费时间。要带着目的去交谈，才能高效地取得成果。

"看来更换新设备比较适合，还得麻烦你写一份分析报告给我。"刘洋听到结果立刻说道，他接下来需要着手采购了。

财务笔记

1. 如果是寿命期相同的固定资产投资决策，采用净现值法和年金净流量法。而如果寿命期不同，则用年金净流量法决策，此时用净现值法可能无法得出正确的决策结果。

2. 扩建重置的设备更新后会引起经营活动现金流入与流出的变动，应考虑年金净流量最大的方案。替换重置的设备更新一般不改变生产能力，经营活动现金流入不会增加，只需比较各方案的年金流出量即可，以选择年金流出量最小的方案为上。

3. 年金成本 $= \dfrac{\Sigma(各项目现金净流出现值)}{年金现值系数}$

$= \dfrac{原始投资额 - 残值收入 \times 一般现值系数 + \Sigma(年营运成本现值)}{年金现值系数}$

$= \dfrac{原始投资额 - 残值收入}{年金现值系数} - 残值收入 \times 贴现率 + \dfrac{\Sigma(年营运成本现值)}{年金现值系数}$

这个项目该不该投

"灵樨，我上周去了趟工厂，也和舅舅聊了不少，他现在在厂里做的还是我们现在销售的几款老产品。这几款老产品销路是还可以，可我们是不是也要创新一下呀？"林正东创了业才明白，做企业并不是有产品卖就可以了，销路不好的时候要操心销路，销路好的时候要操心产量，还要未雨绸缪寻找新的增长点。前要上战场找出路，后要固守城池抓管理，此时身边有个谋士加管家是多么重要，他现在越来越离不开灵樨了。

"好呀，我也正想和你说这事呢，我做了个我们这些年的销售利润图，你先看一下。这两年的销售增长有放缓的趋势，除了市场饱和，我们的产品单一也是主要的原因，是时候开辟新的增长点了。除了生产经营，想获取利益的另一个方法就是投资，比如投资建厂，添加新的生产线，进军一个新的行业，投产一个新产品，或者买股票、债券。说白了就是以资产换资产，拿钱换收益。让钱生钱的途径增多一些，这样既避免了资金的风险，又可以抵抗通货膨胀。"灵樨很赞同林正东创新产品的想法。

"嗯，舅舅那边也没闲着，研发了一种新产品，你看我们要不要大力推广这个项目？毕竟投资的成败，也关系着企业的成败。"

"兹事体大，这种战略性的决策我可不敢直接做，这个项目到底可不可行，还是先做一个可行性分析吧。"投资的事草率不得，灵樨也不能马上给建议，于是说道，"投资活动对企业有着巨大的影响，一般涉及较多的资金，经历的时间也比较长，可能三年五年后才会有成效，因此它对企业未来的财务状况和经营活动都有着较大的影响，我可不能这么不负责任地给建议。这样吧，我先分析一下成本效益，然后给你一个财务报告如何？"

"行，这是这个项目的相关资料。"

灵樨看到，要购买新的设备，林正东列出了几款新设备的价格，灵樨取了最接近平均值的一个，价格是100,000元。另外还需要扩充厂房，购买的话需要50,000元。根据市场情况，5年后产品下线，设备可以卖20,000元，购买的厂房可以卖40,000元。5年的年销量预计分别是50台、70台、100台、80台、60台。每台售价是3000元，考虑到通货膨胀的因素，售价每年上涨2%。单位付现成本第一年是1500元，随着原材料的上涨每年增长10%。生产产品需要垫付净营运资本，灵樨按下期销售收入的10%来估计，第一年她算了一下是15,000元。

灵樨准备先用Excel，根据每年的销量和单价及单位付现成本编制出营业收入与付现成本预测表，然后进行现金流量的预测，再计算出净现值和获利指数，以及投资回收期和会计收益率等指标。对项目现金流量、净现值、内含报酬率等指标进行分析，并结合有关项目收益与风险关系的分析，对该项目做一个财务可行性分析报告。

营业收入与付现成本预测

年份	销量/台	单价/元	营业收入/元	单位付现成本/元	付现成本总额/元
1	50	3000	150,000	1500	75,000
2	70	3060	214,200	1650	115,500
3	100	3121	312,100	1815	181,500
4	80	3183	254,640	1997	159,760
5	60	3247	194,820	2197	131,820

现金流量预测

单位：元

项目	时间/年 0	1	2	3	4	5
营业收入（1）		150,000	214,200	312,100	254,640	194,820
付现成本（2）		75,000	115,500	181,500	159,760	131,820
设备折旧（3）		19,000	19,000	19,000	19,000	19,000
厂房折旧（4）		2500	2500	2500	2500	2500
营业利润（5）=（1）-（2）-（3）-（4）		53,500	77,200	109,100	73,380	41,500
所得税25%（6）		13,375	19,300	27,275	18,345	10,375
净利润（7）=（5）-（6）		40,125	57,900	81,825	55,035	31,125
折旧（8）=（3）+（4）		21,500	21,500	21,500	21,500	21,500
经营活动现金流量（9）=（7）+（8）		61,625	79,400	103,325	76,535	52,625
固定资产投资						
设备投资（10）	-100,000					16,250
厂房（11）	-50,000					39,375
净营运资本						
年末净营运资本（12）	15,000	21,420	31,210	25,464	19,482	0
净营运资本增加值（13）	-15,000	-6420	-9790	5746	5982	19,482
投资与净营运资本增加值（14）=（10）+（11）+（13）	-165,000	-6420	-9790	5746	5982	75,107
现金净流量（15）=（9）+（14）	-165,000	55,205	69,610	109,071	82,517	127,732
累计现金净流量	-165,000	-10,9795	-40,185	68,886	151,403	279,135

净现值与内含报酬率

项目	时间 / 年					
	0	1	2	3	4	5
资本成本						
真实资本成本 /%		10	10.50	11	11.50	12
预计通货膨胀率 /%		2	2.50	3	3.50	4
名义资本成本 /%		12.20	13.26	14.33	15.40	16.48
累计资本成本 /%		12.20	27.08	45.29	67.67	95.30
现金净流量 / 元	−165,000	55,205	69,610	109,071	82,517	127,732
现金净流量现值 / 元	−165,000	49,202	54,776	75,071	49,214	65,402
累计现金净流量 / 元		55,205	124,815	233,886	316,403	444,135
净现值 / 元	128665					
内含报酬率 /%	38					
获利指数	1.78					
投资回收期	2.37					
会计收益率 /%	70.94					

灵樨用 Excel 边把项目和基本数据填上边设公式，很快结果就出来了，然后指着数据一一解释给林正东听。

"因为单价每年上涨 2%，所以第二年售价就是在第一年的基础上乘以（1+2%），后面几年以此类推。而付现成本每年上涨 10%，同理，是在第一年的基础上乘以（1+10%），后面几年同样以此类推。这样就很轻松地得到了 5 年的收入和成本情况。

"折旧用的是直线法，设备使用 5 年后出售，也就按 5 年直线计提折旧，残值是 5000 元，每年折旧就是 [100,000 ×（1–5%）] / 5 = 19,000 元。因为设备在 5 年后出售可以卖 20,000 元，此时的账面价格是 5000 元，差额部分要缴纳所得税（20,000–5000）× 25% = 3750 元，税后净收入就为 20,000 – 3750 = 16,250 元。

"同样，厂房按 20 年直线法计提折旧，出售时可得 40,000 元，每年折旧 50,000/20 = 2500 元，出售时账面价格是 37,500 元，出售价超过账面价的部分要缴纳所得税（40,000 – 37,500）×25% = 625 元，税后净收入为 40,000 – 625 = 39,375 元。

"每年的净营运资本都按下一年收入的 10% 估算，这样可以算出每年净营运资本的增加值，然后加上投资设备和厂房的金额算出总的增加值，再加上经营活动现金流量得出现金净流量，就可以算出每一年的累计现金净流量了。"

"嗯，明白。"

"我们假设这个项目与公司以前所投资的项目有着相同的风险，公司的财务政策也不会因为新的投资活动而受到影响，在不考虑通货膨胀的因素下，预计公司真实的资本成本从第一年到第五年是 10% 到 12%。预计通货膨胀率第一年是 2%，依次上升到第五年的 4%。然后算出资本成本率。

名义资本成本率 =（1+ 真实资本成本）×（1+ 预计通货膨胀率）-1 =（1+10%）×（1+2%）-1= 12.2%，后面以此类推。

累计资本成本率 =（1+ 上期累计资本成本率）×（1+ 名义资本成本率）-1=（1+12.2%）×（1+13.26%）-1=27.08%，以此类推。

现金净流量现值 = 现金净流量/（1+ 累计资本成本率）= 55,205/（1+12.2%）≈ 49,202 元，以此类推。

净现值 = -165,000 + 49,202 + 54,776 + 75,071 + 49,214 + 65,402 =128,665 元。

"内含报酬率是对投资方案未来的每年现金净流量进行贴现，使所得的现值与原始投资额现值相等，从而使净现值等于 0 的贴现率。即当净现值 = 0 时，i = 内含报酬率。我们可以直接借助 Excel 中的函数功能求出，就省去了试错的时间。

内含报酬率 =（-165,000，55,205，69,610，109,071，82,517，127,732）
= 38%

"获利指数是投资项目未来现金净流量现值与初始投资额的比率。

获利指数 =（49,202 + 54,776 + 75,071 + 49,214 + 65,402）/ 165,000 =1.78

"投资回收期是需要多久可以收回投资，从累计现金流量中可以看出收回投资额是在第 2 年和第 3 年之间［（3-1）+（165,000-124,815）/109,071 = 2.37］，也就是说这个项目在不到 3 年的时间里就可以收回初始投资了。

$$会计收益率 =（年平均净利润/年平均投资总额）\times 100\% = \frac{(40,125 + 57,900 + 81,825 + 55,035 + 31,125)/5}{(100,000 + 50,000)/2} \times 100\% = 70.94\%$$

"我们看：净现值大于 0，获利指数大于 1，内含报酬率大于资本成本，会计收益率的比值也较高，而且在两年多的时间里就可收回投资，据此可以判断这个项目是可行的。"

灵樨根据计算结果做出了可行的结论。

"这就可行了？"

灵樨知道林正东会认为，仅仅因为她说什么大于 0 什么大于 1 的，还不足以说明问题，于是说道："在项目评价中，如果项目的净现值大于 0，表明该项目产生的现金流量可以向我们公司提供超过我们要求的收益，此时进行项目投资可以提高公司当前的市场价值。再看获利指数，获利指数大于或等于 1 的项目都可以接受，如果小于 1 就选择放弃，我们的获利指数是 1.78，可以接受。而投资回收期越长的项目风险越大，越短风险越小，对于短期项目来说，投资回收期当然是越短越好。而对于我们这种中长期项目来说，不到两年半的时间就可以收回投资，从回收期上来说是不错的。从会计收益率上来说，只要高于公司或行业的基准会计收益率，项目就是可行的。而家用电器的行业基准收益率不超过 30%，这个项目为 71%，所以我判断这个项目可行。"

"太好了，我这就召集大家开会。"林正东激动地说道。

"你先别激动，这也是从理论上判断的预期值，与最终的结果是会有差异的。"灵樨怕林正东太相信预测的结果，赶紧说道。

"那是，生活不可能照剧本演，做生意没有一成不变的时候，机会永远和风险并存。现在的好项目，也许明天就变成了坏项目，机会稍纵即逝。"林正东当然明白，机会在当下，抓住了才是机会，一旦错过，就不叫机会了。

"这个电子表格我发给你，公式都是设定好的，你只需修改销量、单价和付现成本就可以得到不同情况的结果，更方便一些。比如我们单价定在 5000 元的时候，1 年多就可以收回投资了。或者把销量改成 100 个，也会影响后面的一系列结果。"灵樨边说边演示了一下。

"还是你考虑得周全。"林正东原本想，这个表灵樨要是不给他，自己就主动要呢。

"因为我们预测的结果是建立在这些预期值的基础上的，所以这些数据的不确定性会对项目评定产生影响。不过我们可以借助敏感性分析来衡量一下这些因素的影响程度。"

"怎么衡量？"

"如果某一因素在较小范围内变动，就会影响原定项目的盈利能力，就可以说明这个因素的敏感性强。"

"像含羞草，轻轻一碰就收起了叶子，还真是敏感，名字没叫错。"

"敏感性分析就是找到影响计算结果的最敏感的因素。比如净现值就会受到投资额、销售收入、变动成本、固定成本、折旧率、项目年限等的影响。又比如销售收入会受到销量的影响。我们可以用 Excel 里的单变量求解来对每一项进行检验。"灵樨说着在 Excel 里点了下"数据—假设分析—单变量求解"，调出单变量求解开始检验。

"要每一项都验？"林正东觉得这样太烦琐了。

"敏感性分析只能关注一个变量的变化对结果的影响，且变量与变量之间不能相互影响，只是列出可能的结果。而且这种不利影响并不一定会发生，也可能不太敏感的倒发生了。"

"也就是参考一下，我看还是尽快开会研讨这个项目吧。"林正东觉得他可以用刚刚那个电子表格，通过改变每一年的单价、付现成本，或者是每一年的销量，测出不同的结果。而影响销量的就是变动成本了，这点可以通过多控制单位变动成本来施加影响。他还是决定快点开会研讨。

财务笔记

1.财务可行性分析主要内容包括：对收入、费用和利润等经营成果指标的分析；对资产、负债、所有者权益等财务状况的分析；对资金筹集和配置的分析；对资金流转和回收等资金运行过程的分析；对项目现金流量、净现值、内含报酬率等项目经济效益指标的分析；对项目收益与风险关系的分析等。

2. 一个投资项目能否顺利进行，有无经济上的效益，不一定取决于有无会计期间利润，而是取决于能否带来正现金流量，即整个项目能否获得超过项目投资的现金回报。

3. 净现值（NPV）是指特定项目未来现金流入的现值与未来现金流出的现值之间的差额。$NPV = \sum_{t=0}^{n} \frac{I_t}{(1+i)^t} - \sum_{t=0}^{n} \frac{O_t}{(1+i)^t}$。$n$ 为项目期限；I_t 为第 t 年的现金流入量；O_t 为第 t 年的现金流出量；i 为资本成本。

4. 内含报酬率（IRR）指对投资方案未来的每年现金净流量进行贴现，使所得的现值与原始投资额现值相等，从而使净现值等于 0 的贴现率。即当净现值 = 0 时，i = 内含报酬率。

5. 获利指数（PI）是指投资项目未来现金净流量现值与初始投资额的比率。$PI = \sum_{t=0}^{n} \frac{I_t}{(1+i)^t} / \sum_{t=0}^{n} \frac{O_t}{(1+i)^t}$。

6. 投资回收期（PP）是指通过项目的现金净流量来回收初始投资所需要的时间。获利指数 =（T-1）+ [第（T-1）年累计现金净流量的绝对值] / 第 T 年的现金净流量。

7. 会计收益率（ARR）是指投资项目年平均净利润与该项目年平均投资额的比率。会计收益率 =（年平均净利润/年平均投资额）× 100%。

8. 敏感性分析是一种"假如"分析法，是衡量不确定性因素变化对项目评价标准的影响程度。

是融资还是借款

"灵樨，我前一段时间走访了几个做企业的朋友，发现他们现在用的办公设备、生产设备都不再自己买了，而是租别人的，每月只付租金就可以。这种操作对企业有什么好处？我们是不是也可以这样操作？"林正东最近参加了一个企业家俱乐部，该俱乐部会定期组织会员到会员企业走访，学习经验，探讨合作。

"你是说共享办公？这种资源共享的办公方法很方便，从办公场所到办公设备都可以共享，不但减轻了自己的成本负担，还增加了资源交流的环境。如果是租用生产用的设备的话，应该是和出租方的设备空闲率高有关，这样做可以提高出租方设备的周转率，也减少了承租方的资金压力。不过两家生产的产品一样，这样也就降低了产品的竞争力。"

"我们有没有减少资金成本的设备使用方法？"

"如果设备金额较高，可以考虑融资租赁或以借款的方式进行筹资来购买设备。"

"融资租赁?"

"是的,一般通过租赁公司购买设备。我们付租金使用,期满后我们或者付少量的钱,设备归我们;或者不付钱。这叫融资租赁。也可以我们先买回来,再卖给租赁公司,然后付租金使用,这叫售后回租,目的都是一样的。"

"它和借款买相比,哪种对公司更为有利?"

"当然是现金流出最小的为上。至于哪个现金流出最少,受设备金额、租赁费、利率、期限等的影响,这个可以通过租赁分析模型计算租赁净现值。"

"你给测算下,看哪个更有利吧。"

"行。"灵樨拿过纸笔就写了起来,"拿我们要购买的设备来说,一台50万元的设备,税法折旧年限为5年,预计残值率为5%,4年后预计能卖15万元,每年年末支付维护费等大概要5000元。如果采用租赁服务的话,租4年,每年年初付租赁费10万元,一共40万元,到期所有权不转让。因为是租赁,所以不用再另行支付维护费等。在税后借款利率10%的情况下,我们可以分别计算下这两种情况的现金流量净现值。"

"还是表格清楚些。"林正东已经习惯了灵樨的各种表格,清楚、简单,还能自己调整,只要改几个要素就能得出想要的结果,这让他非常喜欢。

"没问题,我顺便把可以改数字的地方和有公式的地方用下划线区别开,再给你列一下具体的计算过程,这样你用起来更方便。"

"知我者,灵樨也。"两人共事多年,已形成了深刻的默契。

租赁方案决策分析

单位：元

租赁方案（40年）					
项目	租期/年				
	0	1	2	3	4
租金（1）	-10	-10	-10	-10	
计税基础（2）	40				
折旧（3）		7.6	7.6	7.6	7.6
折旧抵税		1.9	1.9	1.9	1.9
期末资产变现流入（4）					0
期末资产变现价值					9.6
期末资产变现损益					-9.6
期末资产变现损失减税					2.4
各年现金流量	-10	-8.1	-8.1	-8.1	4.3
折现系数（10%）	1	0.9091	0.8264	0.7513	0.683
各年现金流量现值	-10	-7.36	-6.69	-6.09	2.94
租赁的现金流量总现值	-27.2				
购买方案：50					

（1）租金每年支付10万元。

（2）租赁资产的计税基础为租赁合同的总付款额和相关费用。

（3）折旧：40×（1-5%）/5=7.6万元（这里一定要用税法上规定的折旧年限）。

每年折旧抵税：7.6×25%=1.9万元。

（4）因为到期资产所有权不转让，所以期末资产变现流入=0。

期末资产账面价值=40-7.6×4=9.6万元，

期末资产变现损益=0-9.6=-9.6万元，

期末资产变现损失减税=9.6×25%=2.4万元。

（5）计算各年现金流量。

第1年年初现金流量=-10万元；

第1、2、3年年末分别是=-10+1.9=-8.1万元；

第4年年末是1.9+2.4=4.3万元。

（6）然后分别乘以各年复利现值系数，就是各年现金流量现值。

-10×1=-10，-8.1×0.9091=-7.36，-8.1×0.8264=-6.69，-8.1×0.7513=-6.09，4.3×0.683=2.94万元。

（7）租赁的现金流量总现值=-10-7.36-6.69-6.09+2.94=-27.2万元。

购买方案决策分析

单位：元

项目	购买方案（40年）				
	使用期/年				
	0	1	2	3	4
购买设备（1）	-50				
折旧（2）	—	9.5	9.5	9.5	9.5
折旧抵税（3）		2.375	2.375	2.375	2.375
维修费用（4）		-0.5	-0.5	-0.5	-0.5
维修费用抵税（5）		0.125	0.125	0.125	0.125
税后维修费用（6）		-0.375	-0.375	-0.375	-0.375
期末资产变现流入（7）					15
期末资产账面价值					12
期末资产变现损益					3
期末资产变现利得缴税	—	—	—	—	-0.75
各年现金流量（8）	-50	2	2	2	16.25
折现系数（10%）	1	0.9091	0.8264	0.7513	0.683
各年现金流量现值	-50	1.82	1.65	1.5	11.1
借款购买的现金流量总现值（9）	-33.93				
租赁优势	6.73				

（1）购买设备 50 万元。

（2）每年折旧 50×（1-5%）/5=9.5 万元。

（3）每年折旧抵税 =9.5×25% =2.375 万元。

（4）每年维修费用 0.5 万元。

（5）每年维修费用抵税 =0.5×25% =0.125 万元。

（6）每年年末税后维修费用 =0.5×（1-25%）=0.375 万元。

（7）期末资产变现流入 15 万元；

期末资产账面价值 =50-9.5×4=12 万元；

期末资产变现利得 =15-12=3 万元；

期末资产变现利得缴税 =3×25%=0.75 万元。

（8）各年现金流量也可计算得到。

第 1 年年初现金流量 =-50 万元；

第 1、2、3 年年末分别是 =2.375-0.375=2 万元；

第 4 年年末是 2.375-0.375+15-0.75=16.25 万元。

（9）同样分别乘以各年复利现值系数后就是各年现金流量现值，加总就得到了借款购买设备的现金流量总现值。

-50×1+2×0.9091 +2×0.8264+2×0.7513+16.25×0.683=-33.93 万元。

"显然租赁的现金流出量 27.2 万元小于购买的现金流出量 33.93 万元。这时租赁就比较有利。"

"嗯，是少了 6 万～ 7 万元，看来我们也可以这样操作一下，以后要添设备的话，能租就不自己买。"林正东现在非常认可共享这类操作。

"还得具体情况具体分析，个案是有差异的，不能一概而论。"

"嗯，我回去测试下其他情况的现金流出量。得学会有效利用资产呀。资产要动起来才能创造更多资产。""流水不腐，户枢不蠹。"人如此，公司运营亦如此。

> **财务笔记**
>
> 1. 融资租赁，是指实质上转移了与租赁资产所有权有关的几乎全部风险和报酬的租赁。其所有权最终可能转移，也可能不转移。
>
> 2. 一项租赁存在下列一种或多种情形的，通常被分类为融资租赁：
>
> （1）在租赁期届满时，租赁资产的所有权转移给承租人；
>
> （2）承租人有购买租赁资产的选择权，购买价款与预计行使选择权时租赁资产的公允价值相比足够低，因而在租赁开始日就可以合理确定承租人将行使该选择权；
>
> （3）资产的所有权虽然不转移，但租赁期占租赁资产使用寿命的大部分；
>
> （4）在租赁开始日，租赁收款额的现值几乎相当于租赁资产的公允价值；
>
> （5）租赁资产性质特殊，如果不做较大改造，只有承租人才能使用。
>
> 3. 一项租赁存在下列一项或多项迹象的，也可能被分类为融资租赁：
>
> （1）若承租人撤销租赁，撤销租赁对出租人造成的损失由承

租人承担；

（2）资产余值的公允价值波动所产生的利得或损失归属于承租人；

（3）承租人有能力以远低于市场水平的租金继续租赁至下一期间。

06 做好公司的财务管理

成本的外衣

"灵槠姐，你为什么每月都要在财务报表的基础上再做出一个表呢？"朵朵早就想问这个问题了，她甚至怀疑这是不是两套表。

"我们每月的财务报表是基于会计准则编制的，而公司在实际经营过程中需要实时了解最真实的经营状况。这不是说报表对外反映的状况是假的，而是说，从企业管理的角度讲，它有很多需要调节的地方。"

"不太明白，既然是会计准则规定的记账方法，为什么需要再调节？"

"朵朵，要学会敲掉思维定式的墙，你不能给自己的思维设限，'尽信书不如无书'，要站在公司的角度去考虑这些数据有没有真实、及时地反映经营状况，以及每一种核算方法对数据的影响。"

朵朵是被教育出来的好孩子，就是思维有些固化。灵槠看朵朵没明白，就说道："比如说我们在成本核算的时候，有吸收成本法，也有可变成本法。我们的财务报表运用的是吸收成本法，而我们通常要使用可变成本法编制企业管理用的报表。你能说哪种方法是错误的吗？不能，它们只是分析角度不同而已，是一件事物的两种不同表现方式，但实际上却会对利润产生不同的影响。

"我们生产出来的产品和最终销售掉的产品是不相等的，而两种方法的区别在于，一个将费用最终资本化，一个将费用最终费用化，你说能不影响利润吗？"

"好像需要拐好多弯，我脑子还没转过来。"朵朵在努力地想它们之间的关系，先计入哪个项目又转入哪个项目，她记得灵樨姐给她说报表的时候说过这些。

灵樨看她还是没想明白，索性拿她正在看的这张表说道："你看，拿我们销量最好的这款音箱来说。我们生产100个，如果100个全卖掉当然是最好的，这是我们所期望的，但实际情况是什么呢？我们只卖掉了90个，我们来分析一下它们的成本。"

成本表

项目	成本/元
直接材料	10,000
直接人工	20,000
可变间接成本	15,000
可变成本法下总生产成本	45,000
固定间接成本	30,000
吸收成本法下总生产成本	75,000

"我们分别算一下两种方式下的单位成本和期末库存。

吸收成本法下的单位成本：75,000/100=750元。

可变成本法下的单位成本：45,000/100=450元。

吸收成本法下的期末库存：750×10=7500元。

可变成本法下的期末库存：450×10=4500元。

"我们每个音箱售价1000元，发生的可变期间费用是3000元，固定期间费用是7000元，我们分别列个利润表看一看。

吸收成本法下的利润表

项目	金额／元
销售收入	90,000
期初存货	0
生产成本	75,000
可供销售成本	75,000
减期末库存	7500
吸收成本法下销售成本	67,500
毛利	22,500
可变期间费用	3000
固定期间费用	7000
营业利润	12,500

可变成本法下的利润表

项目	金额／元
销售收入	90,000
期初存货	0
生产成本	45,000
可供销售成本	45,000
减期末库存	4500
可变成本法下销售成本	40,500

"你看，这两种方法下的营业利润相差3000元。"灵樨让朵朵看两边的计算结果，"同样，资产负债表也会差3000元。"

"啊，怎么会这样？"朵朵喃喃道。

"你想想看这是怎么产生的？"

朵朵又从头仔细看了起来："它们的期末库存不同，吸收成本法下的期末库存是 7500 元，可变成本法下的期末库存是 4500 元，差 3000 元。别的，嗯，这里多个固定间接成本。"

"嗯，不错，期末库存是其一，还有资本化率。生产了 100 个卖掉 90 个，是不是有 10 个是在库存里资本化了？那么资本化率就是 10%，资本化的固定间接成本就是 30,000×10% = 3000 元。再从固定间接成本角度看，单位库存固定间接成本是每个 300 元（30,000/100 = 300 元），资本化数量是 10，两者差异就是 300×10 = 3000 元。所以你看，当产量大于销量时，吸收成本法的营业利润高于可变成本法；当产量小于销量时，吸收成本法的营业利润低于可变成本法；只有当产量和销量相等时，两种方法下的营业利润才相等。"

"所以为了知道真实的利润情况，就要用可变成本法再编制一张利润表了。"朵朵似乎明白了，尽管她还没那么娴熟，但是也明白了其中的关键。

"吸收成本法将生产过程中发生的所有材料、人工、可变间接成本、固定间接成本等统统归集到半成品库存里并进行后续的结转。而变动成本法仅将生产过程中发生的材料、人工、可变间接成本归集到半成品库存中并进行后续的结转，而将固定间接成本视为期间费用。使用吸收成本法，是更容易人为地操纵利润的。你会发现生产得越多利润越高，即使没有销售出去，利润也能由库存堆积出来。在可变成本法下，营业利润不受产量影响，只依托于销量，这样不利于人为操纵利润，而且也便于公司分析决策，避免进行盲目生产，也避免选择固定制造费用分摊率较高的产品进行生产。我们用吸收成本法记账，但只有会用可变成本法报告，才能更清楚地反映公司的真实情况。"灵榤说道。

"嗯，明白了。做财务可真不容易，各种角度都要考虑到。"

"你是想说做财务怎么要出这么多表吧。"灵榤打趣道，"其实这些内部报表体系才体现了财务的真本领。那些对外的财务报表学财务的都会编写，但真正对企业有用的，还是这些起到管理分析作用的报表。企业的战略分析和管理，必须以经营结构数据的分析为支撑，企业许多结构性的问题，还是需要利用管理报表体系这个重要工具去揭示和反映的。"

"灵榤姐你偏心，又趁我不在教朵朵呢。"小米从银行回来听见她们在说什么表，立马嘟着嘴表示抗议。

"其实我们可以快速地从一个利润推出另一个利润。你看，当产量大于销量时，也就是说吸收成本法下的营业利润大于可变成本法下的营业利润，此时吸收成本下的营业利润加上两者的差异就是可变成本法下的营业利润了。"

"嗯嗯，小于时减去，差异可以从库存等三个方面快速获得。"一旦明白了其中的奥妙，一切都变得非常简单。

"什么差异，什么获得？"小米懊恼着自己不应该偷偷拐去附近的网红店吃冰激凌，好像错过了一个亿。

"不告诉你，谁让你自己偷吃呢！"

"啊？朵朵怎么知道的？我没发朋友圈呀。"小米还特意补了唇膏才上楼的。她们是怎么知道的？

财务笔记

1. 吸收成本法将生产过程中发生的所有材料、人工、可变间接成本、固定间接成本等统统归集到半成品库存里并进行后续的结转。

2. 变动成本法仅将生产过程中发生的材料、人工、可变间接成本归集到半成品库存中并进行后续的结转，而将固定间接成本视为期间费用。

3. 在变动成本法下，固定间接成本费用化了不计入成本，因此不受产销差异的影响，而是直接影响损益。

分部的经理不乐意了

"怎么了，愁眉苦脸的？"灵樨一进林正东的办公室就感到了异常凝重的气息扑面而来。

"分部没完成利润指标，经理不找自己的原因，反而怪总部压榨。"刘洋也是一脸气愤，觉得当初招错了人。

"不如关了分部算了，白白浪费资金，还没多少效益。"林正东觉得这个部门的存在就是在加深他对所犯错误的记忆。

"先别冲动，冷静一下，我们查明原因再做决定。"灵樨劝林正东先冷静，冲动是魔鬼，在冲动的情绪下做出的决定往往是错误的。

"不如先让灵樨给分析分析再做决定。"刘洋也觉得先冷静下来再说，当初这个公司分部是他主推成立的，人也是他一手招来的，说没感情那是骗人的，真要关了，他也舍不得。可做企业不能以舍得、舍不得来经营，还是先冷静下来找找原因吧。

"行呀，正好趁此机会，把分部和总部的情况做个总结。"灵樨就是这样，总给自己加活，你说1，她会做到2甚至做到3。

"都以上个月为结点，上个月的收入是48万元，江南和江北两个分部的收入分别是30万元和18万元，可变生产成本分别是13万元和10万元，可变营销、管理等费用都是5万元，可控固定成本分别是3万元和2.3万元。从数据上来看，江北分部对生产成本的控制不如江南分部，而且花在营销及管理上的费用比较多。"灵榎说道。

"你看看，我没冤枉他吧。"林正东还是有些生气。

"先别急，看看再说。"刘洋说道。

"我还是列个表比较一下吧。"灵榎道。

贡献式利润表

单位：元

项　目	公司整体	江南分部	江北分部	备　注
净收入	480,000	300,000	180,000	销售收入
可变生产成本	230,000	130,000	100,000	直接材料、人工、可变间接成本
生产边际贡献	250,000	170,000	80,000	
可变营销费用/管理费用	100,000	50,000	50,000	可变营销费用
边际贡献	150,000	120,000	30,000	
可控固定成本	53,000	30,000	23,000	分部员工及部门主管的工资
可控边际成本				
部门经理考核边际成本	97,000	90,000	7000	
不可控固定成本	18,000	10,000	8000	折旧、税金、保险及分部经理工资
部门边际成本	79,000	80,000	−1000	不可分摊的部门费用
不可分摊的联合成本	60,000			
经营利润	19,000			

"你还真是冤枉人家江北分部了,人家经营本身是赢利的,只是分摊了总部的折旧、税金等费用才亏损的,说关门还为时尚早。"灵樨列完表格说道。

"看来我们是该生自己的气啊。灵樨你说说,我这丢人丢在哪儿了?"林正东也是个知错必改、不懂就学的性子。

"你考评人家的业绩本没什么,但也得对人家那些可控的范围进行考评,而人家不可控的部分也被你列入考评范围,人家要是乐意才怪呢。"灵樨开玩笑地说。

"小心人家叫你'周扒皮'。哈哈哈。"刘洋也笑道。

被他这一搅和,林正东也气不起来了:"看来我得喝顿酒了。灵樨,这个可控成本要怎么把握你得好好给我说说,我可不能再丢人了。"在林正东看来,没有什么是喝一顿酒解决不了的,如果不行,就喝两顿。

"这要看责任中心怎么分了,根据各个责任中心的不同,绩效指标和可控范围也不同。营销中心是按销售收入减去营销中心的直接成本进行评估的;成本中心是在保证服务的基础上按成本最小化评估的,它仅对成本负责,代表了经营的效率,可用标准成本差异分析;而利润中心同时对收入和成本负责,同时代表了经营的效率和效益,按实际利润和预期利润的差异进行评估;投资中心的评估标准就是利润水平、投入产出比、战略投资与公司战略的一致性和资本保全情况等。除了利润,它还考虑了公司的投资,最适合的指标是投资回报率、剩余所得。

"你看销售部负责收入,但如果它同时也负责自身的成本开支的话,就把它划归到利润中心;如果不同时负责自身的成本就把它划到营销中心去。

"部门经理的考核建立在他可以控制的成本之上,比如他下属的工资他就可以控制,而他自己的工资就不在他可控的范围之内了。又比如那些部门应分摊的折旧、保险等,虽说属于部门的成本,但部门经理同样不可控,这些就不能划入他的考核范围之内了,否则也不公平。"

"这样说来,好像那样固定的成本反倒是不可控的了。"林正东算是听明白了,他不应该把折旧摊销等也列入部门经理的考评之内,虽然那是他们部门应该承担的成本。

"胖子,你安排下,晚上叫上老李喝一顿去。"

> **财务笔记**
>
> 1. 业绩考评应基于被考评者的可控范围。
>
> 2. 可控固定成本是指在一年之内可以改变的固定成本;而不可控成本需要一年以上的时间才能对其施加影响。不可控固定成本也可能源于对公司总部费用的分摊。
>
> 3. 除了按照可控成本评估,还可以按照边际贡献、税前利润和税后利润进行部门经理的评估。缺点是:边际贡献会使部门经理不关注自身部门固定费用的酌定部分;利用税前利润评估会导致部门经理对一些自身不可控的成本负责,挫伤他们的积极性。

巧用平衡计分卡

"东子，你看我们是不是要制定绩效考评制度了？"刘洋这段时间以来一直在考虑这个问题，怎样才能更好地激励员工，而不是仅仅按岗位给大家支付薪酬，年终看效益给年终奖。

"我也正考虑这事呢，我们在初创时期的主要任务是'打天下'，现在虽说也在'打天下'，但不能总让员工做'草莽英雄'。你是怎么想的？"林正东说道。

"我看用平衡计分卡的不少，灵樨你觉得呢？"刘洋问道。

"可以一试。"

"这个倒是听说过，但具体怎么用、考核什么还真不明白，灵樨，你还得先把我们俩给教会了。"林正东对他不熟悉的事物一定要先弄明白，才考虑在不在公司实施。

"平衡计分卡就是一种战略性的评估和管理系统，它给公司提供了一种简单的工具，能帮助公司了解具体的财务和非财务指标。传统上来说，大多数公司的绩效分析只关注财务指标。虽然财务指标比较客观而且是定量指标，但财务指标本质上完全是历史表现的反映，并且更倾向于短期预测。而平衡计分卡会关注关于未来的指标。它将公司战略转化成相互平衡的四个方面：财务指标、客户指标、内部业务流程指标及学习与成长指标。除了财务指标揭示的是公司过去的业绩，其余三个指标都是以公司未来的财务绩效为导向的。"

"听起来像是用来预测的。"刘洋说道。

"哈哈，人家创始人最初的理念可是为了使组织摆脱以往仅关注财务指标的惯例。"

"怎么有点灭自己威风的意思？财务指标可不能忽视，你看你平时用财务数据帮我解决了多少难题。"林正东对灵棋的财务数据及分析是相当认可的。

"财务数据有其弊端，这点还是应该明确的。如果用财务报表中的实现利润指标作为考核的依据，往往就不能真实地反映企业的经营绩效，因为这个利润很可能不是真实的。如增加营销力度，从而增加应收账款，虽取得了利润，但却增加了企业未来的经营风险。又如企业利润总额并不一定是企业的正常经营所得，通过投资等活动也是可以获得利润的。所以完全以财务指标来作为考核的指标，是有失公允的。考核体系应该围绕企业的战略目标来设计。而不是完成了收入、利润目标就给高薪酬，经营绩效成了摆设。所以这时，用考核利润指标代替单纯的利润总额指标就是不错的方法。薪酬设计要兼顾、平衡劳动付出回报与绩效回报。"

"嗯，如果咱们的销售经理都很懂财务，大量赊销，那只看利润状况还真是对公司不负责任呀。"林正东想想都后怕，这得多谢灵棋平时给他灌输财务知识。

"平衡计分卡的目的之一就是将个人目标和部门目标同公司的战略相统

一。"灵樆说道,"如果激励机制的设计导致单个部门经理单纯地追求自身目标的实现,不惜以牺牲其他目标为代价,在这种情况下,没有哪种绩效评估工具能成功地发挥效用。"

"那都不是绩效评估的事了,那是此人绝不能留用的事。"

"对,像这种只顾自己利益的人确实不能留用。"刘洋在这点上完全赞同林正东的做法,"灵樆,你说这个平衡计分卡更关注未来,那它都有什么指标呀?"

"我们可以借助SWOT分析模型(态势分析法),来帮助公司确立一些关键的绩效指标。我大概列出了一些会用到的指标,我们可以根据公司的情况来定。"

KPI(关键绩效指标法)量度指标

范畴	KPI	量度指标举例
财务指标范畴	营业收入	销售预测准确度、销售回报率、销售收入变动率
	流动性	资产、存货、应收账款周转率、现金流量
	获利能力	投资回报率、剩余所得、经济附加值、股东权益回报率
	市值	市场增值、股价、股票市盈率
客户指标范畴	市场份额	同业公会分析结论、市场定义、市场占有率
	客户获得	新客户数量、面向新客户的营业收入
	客户满意度	客户退货、客户投诉、客户调查
	客户保留	各类客户的保留率、客户增长率
	产品创新	新产品销售额占比
内部业务流程指标范畴	质量	质量保证费
	及时性	订货至交货所需时间、及时送货次数
	生产率	周期时间、效益、效率、差异、废料
	质量	缺陷、退货、废料、返工、调查、质量保证
	安全性	事故责任、保险索赔、事故后果
	加工时间	准备时间、周转时间、库存周转率、产能利用率
	售后服务	售后反应时间

续表

范畴	KPI	量度指标举例
学习与成长指标范畴	技能发展	员工培训时间、培训比例、技能改进、专利
	员工激励、授权	员工平均建议量、已采纳的建议
	新产品	新专利、设计变更次数、研发技能
	竞争力	员工离职率、经验、客户满意度
	团队合作表现	调查、与其他团队共享成果的次数、多组合作项目的次数、激励共享所占比例
	信息系统能力	战略性信息覆盖率

"用这些指标考核就行了？"林正东问道。

"光有这些指标还不行，还得为这些指标制定度量单位。否则这些指标将如玻璃罐里养的蛤蟆——'前途光明，出路不大'。"

"哈哈哈，灵檄你真是有段子手的潜力呀！"刘洋每次听灵檄说谚语都眼前一亮，太形象了。

"胖子，这你可学不来。'腹有诗书藏在心，岁月从不败美人。'人家灵檄这是学识的沉淀。"

"行了，你俩别吹了，还是好好考虑下新的考核制度吧。我们改革开放的总设计师邓小平同志就说过：'制度好可以使坏人无法任意横行，制度不好可以使好人无法充分做好事，甚至会走向反面。'"

"哈哈，这难度有点高呀。"刘洋瞬间感到责任重大。

"有了标准，就好考核了，同时也能通过衡量这些指标的完成情况了解公司运营管理的情况。就像对销售部门的考核，我们可以从正面和负面分别计算得分。比如给销售部制订的销售计划是 50 万元，收账期是 60 天，而实际完成了 55 万元，实际收账期是 55 天。那销售得分就是 55/50 × 100 × 1 = 110，收账期得分就是 55/60 × （−100）× 1 = −91.67，总得分就是 110 − 91.67 = 18.33。结果大于 0，说明较好地完成了计划。若小于 0，则表示没有完成计划。

"再比如看我们的产品创新能力，如果新产品销售占比计划是10%，完成了8%，就有2个百分点的差距没完成。那么考核时这就是减分项了，顺藤摸瓜还可以通过关联指标分析一下是什么原因造成的，然后进一步分析客户指标范畴，是不是公司新产品的设计没有充分了解实际市场需求，或者是销售没有以客户为导向。公司要想办法扭转这种情况，就要增加对客户关系的投资管理、加强员工培训等。

"我还是建议多注重人才培养，'外来的和尚不一定会念经'，最了解公司情况的还是我们自己的员工，花高薪招聘不如下力气从内部培养，这样员工更有归属感，和公司一起成长也更有认同感。

"当然，这只是个人建议和一个举例说明的使用参考，具体还得根据公司以及各部门实际情况来定。"

"这样看来，这个平衡计分卡还真是功能强大呀，得抓紧时间研究个方案出来。"林正东觉得，只要是有用的，他都愿意尝试，只有行动起来才能知道效果。

> **财务笔记**
>
> 1. 平衡计分卡是一种战略性的评估和管理系统。它给公司提供了一种简单的工具，能帮助公司了解具体的财务和非财务指标。它将公司战略转化成相互平衡的四个方面：财务指标、客户指标、内部业务流程指标及学习与成长指标。
> 2. 绩效指标必须足够客观并易于度量。

让应收账款赢利

"灵樨，最近我们在谈商城的合作，在收账期上有几种不同方法，你觉得我们应该怎么定收账期更为有利一些？"林正东最近在拓展业务上盯得很紧。

"对方的信用评分是多少？"

"在销售部的调研中对方的信用历史还是不错的，不过你也知道，销售部本能地倾向于客户。从和商城合作的其他公司处得到的信息表示正常，这是对方的财务报表和一些信用评级部门的信息。"林正东说道。

"嗯，那可以先就对方的财务报表进行辅助分析，然后再进行判断。"灵樨边说边看，"我们可以根据销售部搜集来的资料确定财务比率和信用品质，然后用百分制进行打分，再根据财务比率和信用品质的重要程度确定其权数，最后加权平均，就可以简单得出一个分数了。

云上商城信用评分状况

项　目	财务比率和信用品质（1）	分数 0~100（2）	预计权数（3）	加权平均数（4）=（2）×（3）
流动比率	1.7	85	0.2	17
资产负债率/%	70	85	0.15	12.75
净资产收益率/%	10	80	0.15	12
信用评估等级	AA	80	0.20	16
付款历史	尚好	75	0.10	7.50
公司未来预计	尚好	75	0.10	7.50
其他	尚好	75	0.10	7.50
合计	—	—	1	80.25

"嗯，综合得分80.25分，信用状态良好，算是A类客户了。然后我们将公司的收账期分为30天、60天和90天再分别做一个比较分析。我们在变动成本大概为70%、最低报酬率在10%的情况下，综合我们的情况可以列个表看下。

收账期分析

项　目	收账期 N/30	收账期 N/60	收账期 N/90
销售额（1）/元	500,000	600,000	700,000
变动成本率（2）/%	70	70	70
变动成本（3）=（1）×（2）/元	350,000	420,000	490,000
固定成本（4）/元	50,000	54,000	56,000
最低报酬率/%	10	10	10
信用成本（5）/元	17,917	33,000	67,250
应收账款机会成本/元	2917	7000	12,250
坏账损失率/%	2	3	5
坏账损失/元	10,000	18,000	35,000
收账费用/元	5000	8000	20,000
收益（6）=（1）-（3）-（4）-（5）/元	82,083	93,000	86,750

30 天的应收账款机会成本 = 500,000/360×30×70％×10％ = 2917 元

60 天的应收账款机会成本 = 600,000/360×60×70％×10％ = 7000 元

90 天的应收账款机会成本 = 700,000/360×90×70％×10％ =12,250 元

"在坏账损失率分别为 2%、3%、5% 的情况下，收益分别为 82,083 元、93,000 元和 86,750 元。这样看来，60 天的收账期要比 30 天的收账期增加 10,917 元收益，90 天的收账期比 60 天收账期收益少 6250 元，比 30 天的多 4667 元。所以选 60 天收账期比较有利，其次是 90 天的。"灵樨看着结果说道。

"哦，这样我们就可以针对不同的客户按信用评分给出不同的信用期限了。"林正东觉得这样就很方便区别了。

"对，在 60 天的收账期下，我还可以让公司的收益更高。"灵樨说道。

"还可以更高？是什么妙招？"林正东十分好奇灵樨接下来会怎么做。

"再给折扣。"

"给折扣？这样不是会减少收益吗，怎么会增加收益？"林正东显然不太相信。

"我们可以给出现金折扣。比如 10 天内付款的给 5% 的折扣；20 天内付款的给 1% 的折扣；60 天内到期付款的就不好意思了，没有折扣。用会计术语表述就是：5/10，1/20，N/60。给出现金折扣，目的是提高我们的回款速度，减少应收账款周转天数。假如我们客户中选 10 天内付款的有 30%，选 20 天内付款的有 10%，我们的现金折扣就是 600,000×（5%×30% + 1%×10%）= 9600 元。这时我们应收账款机会成本是：

$600,000 / 360 \times 70\% \times 10\% \times 10 \times 30\% + 600,000 / 360 \times 70\% \times 10\% \times 20 \times 10\% + 600,000/360 \times 70\% \times 10\% \times 60 \times 60\% \approx 4783$ 元。我们看一下最终结果会怎么变。"灵樀说着在表格中变换着公式。

收账期分析

项 目	账期情况 N/60	账期情况（5/10, 1/20, N/60）
销售额 / 元	600,000	600,000
减：现金折扣 / 元	0	9600
销售净额（1）/ 元	600,000	590,400
变动成本率（2）/%	70	70
变动成本（3）=（1）×（2）	420,000	413,280
固定成本（4）	54,000	54,000
最低报酬率 /%	10	10
信用成本（5）/ 元	33,000	21,783
应收账款机会成本 / 元	7000	4,783
坏账损失率 /%	3	2
坏账损失 / 元	18,000	12,000
收账费用 / 元	8000	5000
收益（6）=（1）-（3）-（4）-（5）/ 元	93,000	101,337

"是不是多了 8337 元（101,337 - 93,000 = 8337 元）？此时我们的应收账款周转期实际上是 41 天（30% × 10 + 10% × 20 + 60% × 60 = 41 天）。所以，别总想着给别人折扣会减少自己的收益。市场经济下，要想自己幸福，也必须让别人幸福，这才叫共赢。"灵樀说道。

"公司提供信用期限内的赊销也好，分期收款也好，虽然可以在一定程度上提高销售收入，增加利润，但也同样增加了资本成本、款项收不回来的风险。真应了那句'风险与收益并存'呀。"林正东深觉，做生意这门学问太大了，不仅能让你学到经济体系，还能让你悟到人生哲学。

"生意场上没有定论，这些只是技巧。如果是一笔两三万元的应收账款，就不值得这样费心费力又是调研又是分析的了。不过金额大的应收账款确实存在各种风险，有时并不是对方刻意不给钱，也有信用良好的客户出于一些特殊原因而没有及时付款的，这就要区别对待了。公司的收账政策太宽，就会导致客户拖延时间；收账政策太严，又可能影响销售。个中尺度还真是得好好拿捏。另外，客户档案一开始就要建起来，除了你能想到的基本情况，你想不到的也要知道，这样不仅能知道还款信用情况，还可以延伸了解到产品的创新走向。把客户当恋爱对象，才能生产出真正让客户喜欢的产品。"

"精彩，是这个理儿。"林正东赞同道。

"除了从收账期上获得收益，还可以对已产生的应收账款进行盘活，让其也产生效益。"

"催收应收账款是个头疼的事儿，收账费用也是一笔不小的支出，如能让其产生收益，这里外算下来可是不小的经济效益。"林正东自己想起来灵樑给他说过的经济学上的机会成本、沉没成本，他现在看什么都会考虑下这些隐性成本。

"我们平时都有对应收账款进行账龄分析，3个月以上的占比多少，3个月到6个月的占比多少，一年、两年、三年及三年以上的又占比多少，都会对其按时间长短进行归类汇总分析，针对不同账龄采用不同的收款策略。其中我们就可以采用应收账款保理的方法加快资金流动。其实这也是带有一些融资效果的，本质上还是利用未到期应收账款这种流动资产作为抵押而获得短期借款的一种融资方式。"

"嗯，这个融资方式倒是可以研究一下，资金周转不开的时候，像我们这种小微企业从银行贷到款也是有一定难度的，多一条融资渠道还是能多一些'活下去'的希望的。这个你以后要详细给我说说，我眼下要先把这个客户搞定。"让林正东纠结的客户信用期限的问题解决了，他要赶紧推进与这个客户的合作了。

> **财务笔记**
>
> 1. 5C评估法中的5C指：品质（character）、能力（capacity）、资本（capital）、抵押（collateral）、条件（condition）。
>
> 2. 公司可以自建信用评级体系，对信用好的可以适当放宽信用政策，延长收账期。
>
> 3. 应收账款成本是指企业持有一定应收账款所付出的代价，包含机会成本、管理成本、坏账成本。
>
> 4. 应收账款保理是指，企业将赊销形成的未到期应收账款，在满足一定条件的情况下转让给保理商，以获得流动资金，加快资金的周转。保理可以分为有追索权保理和无追索权保理、明保理和暗保理、折扣保理和到期保理。

改进财务流程

"朵朵、小米,你们总这样加班可不行呀,看着我都心疼。"灵樨最近发现这俩小姑娘经常加班,虽与公司最近业务量增多有关,但总这样让两个正值花样年华的小姑娘加班,灵樨也觉得"有负春光"。

"没办法,贴不完的发票,查不完的真假,你看,两瓶胶水都用完了。"朵朵举起空了的胶水瓶,阳光穿透瓶身折射在朵朵的手上,上面还贴着干了的胶水皮。

"我已经'葬身'在各种票据堆里了,请叫我贴票小姐姐。"小米手不停,声音嗡嗡地从一堆零散的发票里传出来。

"林总又没及时报销?"灵樨不解地问,公司有流程,报销人来财务报销都得拿着审批好的发票。

"不仅有林总的,还有销售部李总的,上次他的发票不合格被退回去了,之后他就将发票拿到财务处,说是让我们看过贴好后他再走审批,省得被退票麻烦。"朵朵说道。

灵樨惊觉，她原以为是朵朵她俩不能很好地统筹工作，没能做好时间管理，所以在无形中增加了工作时长，没想到还有这种情况。她得好好考虑下是不是流程上给大家造成不便了。

灵樨首先调阅了公司内部培训记录，对于新的发票管理办法、涉税政策都有培训记录，即使有人员未能出席，也都及时通知到了个人，不存在培训不到位造成员工报销使用不合规发票的情况。既如此，那就是人本身的问题了。

现在的报销流程是当事人将发票粘贴好，并填好内容，交由部门负责人审批，然后交给主管经理审批，再交给财务经理审批，最后总经理签字，财务部门付款。这样的四级审批制是不是增加了报销时长？其间如果出现发票不合格被退票的情况，流程就要再走一遍，责任反而会被推到财务部门：大家会说因为财务退票而不得不重新签批，却不会说是当事人自己对发票制度不负责，使用不合规发票被退才导致的重签。

制度有时反而给人们的不负责任找了借口。

灵樨决定改进财务报销流程，既然制度给了人推脱责任的借口，那就取消掉好了。没了"遮羞布"，还能找到借口吗？

想好就行动，灵樨来到林正东的办公室。

"林总，针对公司财务报销流程的事情，我近来发现不少问题。一是审批流程层级多、时间长，致使个别员工出差回来不及时报销，而是攒几次一起报；二是发票不合格被退回重签，也在无形中加大了时间成本。我思考了下个中缘由，一是大家嫌麻烦，二是自己不长心。将公司信息、发票真伪识别查询的小程序及方法反复推送给每个员工，目的就是取得发现发票有误可以及时更换而免去后期更换成本的效果，但现在看来，此方法并没有效果，反而给一些人提供了不负责的借口。

"鉴于此，是否可以改进一下财务报销流程？我想了两个方案。一是只需各部门负责人审批，计入部门预算，部门预算超标时不再另行审批，预算盈余计入绩效考评增加得分。二是彻底去掉审批制，员工报销时追加个人签字的声明承诺书，声明对发票及业务的真实有效性负责，只要认为是对公司有利的事情、办理公司业务的事情均可报销，但一旦在内审中发现问题，不仅追回报销款项，且记入个人征信，同时影响部门评分。以上两个方案，你觉得如何？"灵榎将自己的分析及针对问题提出的改进方案说了出来。

"报销审批这个事，说实话我自己都不记得签过什么。签字这个环节确实给人推卸责任的借口，人们都会推说'某某都签字了'，而将责任分摊出去。这两个方案都不错，不过我个人更倾向于第二个方案，诚信是立身之本，开公司不仅要公司讲诚信，员工个人也得讲诚信。不立信，何以立身？这样，周一董事会上过会，争取下月执行。"林正东就是有这种魄力，够果断。

"灵榎呀，我突然想起司马光在《资治通鉴》中说'恃才以为善者，善无不至矣'。"林正东突然有感而发。他后面书架上，放着的这本《资治通鉴》是他翻阅频率最高的一本。

"灵榎姐，这个月的费用降了不少呀！"朵朵看着账簿上显示的数据说。

"嗯，自从改进报销流程后，我再也不用帮他们贴发票了，而且付款的次数也少了。"小米还在纳闷，为什么不签批了，反而报销的费用变少了。

灵榎看着手里的报表，自从改进财务报销流程后，公司费用呈现下降趋势。人性，真是有趣的东西。

"业务流程改进不是简单地提高效率，改善流程质量。事实上，它通过改善部门的一些日常活动，可以帮助公司识别出引发工作流转错误的根源，消除浪费。你们俩也要对自己的工作进行梳理，问一下自己：'这个步骤是不是必需的？它会增加价值吗？有没有更迅速、更便捷的方法？能不能自动化、智能化？它花费的时间是否过多？存在重复劳动吗？能不能标准化、模板化？能不能共享？'完成流程梳理后，也可以在整个公司推进，传授给大家更有效的工作方法。"

灵樨教给她们俩的一直都是方法。她记得，曾任耶鲁大学校长 20 年之久的理查德·莱文说过："真正的教育不传授任何知识和技能，却能令人胜任任何学科和职业，这才是真正的教育。"她想教给她们俩的，也是如此。

"在整个公司推进就算了，还没有达到那个高度，我先从自己的工作中梳理吧。"小米开始思考她的工作可以如何精进。

"你给工作列个表，做完一项打个钩，就不会总想我这个做了没，那个忘了没，绝对可以治好你的马虎习惯、强迫症。"

"我也可以把工作事项列出来，看看能不能优化。"朵朵也觉得如果认真地从管理学上梳理下自己的工作，可以降低不少成本。

"嗯，人们都说财务工作是艺术，实际上它更是一门管理科学。在数据中寻找信息，利用数据去推动公司各项成本的改善。参与到业务中去，在费用的归集方面可以细化部门，'业财'结合，创造效率。好了姑娘们，行动起来吧。"

财务笔记

业务流程重组是实施基础分析，在企业内部和企业之间重新设计业务流程以获得巨大的绩效改进的一种方式。

07 不可或缺的内部控制

内控不是领导签个字那么简单

啪!

"这批货到底是怎么回事?"

灵樨还没走进林正东的办公室,就听到林总发火的声音。

"怎么回事?"灵樨悄声问助理小王。

"好像是音箱没有按时交货,工厂那边反映原材料成品率太低。灵樨姐,林总说你来了就直接进去。"小王说道。

"里面是采购部的杨经理?"

"是的,还有工厂的张经理。"

灵樨暗惊,张老也来了,他是林正东的舅舅,有着一手制作音箱的绝活,本想将手艺传给后辈呢,奈何他儿子和林正东这个外甥都不感兴趣。他儿子直接闯荡"上海滩"不回来了,只有林正东做了音箱生意请他出山,平时他都是在工厂那边不出门的。这次请他过来,肯定事情不小。

灵樨想了想,折身往回走去。

"孙总，林总说你来了不用等。"小王看灵樨没有进去的打算，提醒道。

"我先去倒杯茶喝，中午吃的饭太咸了。"灵樨也怕林总的怒火烧到自己身上，并没有立刻进去。她在等刘洋，采购部采购货物是需要刘洋这个副总签字的，而刘洋是不会放任使用不合格的原料的，这中间一定有原因。

"灵樨，采购单与其他采购请求混在一起，并且走的是正常的采购程序进行处理的。"刘洋一见灵樨，就把原因说了，他也是刚刚才查清楚是怎么回事。

"看来是内控出了问题，让人钻了空子。"灵樨说道，"损失有多大？"

"还好，张老发现问题后压着没用这批材料，退货会损失一点退货费，另外不能按期交货会损失部分赔偿金。补救措施已经在推进了，这次还真是个教训。"刘洋说道。

"走吧，林总也等急了。"

"你怎么搞的，签字都不看单子吗？让你签字还有什么用？"林正东一见到刘洋就劈头盖脸一顿骂。采购部的负责人说是看到刘总签了字的，再加上业务员说已经给刘总汇报过了，报价单等都已提交，刘总也同意了，他就没再细问。

刘洋确实是大意了，没仔细看，这个责任他推不掉。

"刘洋确实有审核不严之责，但也不能全怪他，这是我们内控制度不严格，让人钻了空子。还要感谢这次事件，让我们意识到这个漏洞的存在。"灵樨正好想借这个机会完善一下公司的内控制度，以前她曾几次提出，都被各部门推诿掉了。

"不是让各级都签字审批了吗，你别给刘洋找借口。"

"签字审批并不代表内控制度，反而会流于形式，将企业管理推向形式化，导致员工普遍将内控管理责任归结到领导签字审核上，而将本该各司其职、各负其责的岗位要求给模糊掉了。"灵樭想趁机推动一下内控制度的改进。这个难度有些大，未来避免不了要增加工作量和责任承担的压力，甚至有可能触碰到个别人的利益。得先让管理层意识到内控的重要性，还得让管理层主动推进才行。

"不签字就有内控了？"林正东反问道。

"一个有效的内部控制系统旨在为实现组织目标提供合理保证，包括经营的效率和效果，符合现有法律和法规的要求，财务报告的可靠性，并不是签字多少和审批层次有多高。审核只是内控框架中的一个细节，而签字也不过是这种活动的表现形式而已。需要签字的东西太多了，说实话连签字审批者本人也很难知道自己都签过什么，而且也不是所有的业务他都清楚明白。就比如林总，咱公司所有的文件最后都需要汇总到你这里签字，有多少你是真正记得且明白的？只有将有效的审核程序与具备专业能力的签字人结合起来，同时配以相关管理措施，才能体现内控的实质。你再说刘洋这次采购吧，即使他看出来了这份采购单和其他采购单混在了一起，他也不一定知道两种材料的差别，可能还会从经济角度赞同这次采购呢。"灵樭循循善诱，从内控的目标说起，再说到这次的事件。

"你不用替刘洋开脱。内控不还是一堆打印的制度加上固定的流程、表单吗？"林正东直觉反应灵樭这是在帮刘洋开脱责任。

"内控制度和其他规章制度一样，你只有真正用好它，它才能创造价值。你要将它束之高阁，那它就是一堆废纸。再者说，任何流程、表单都要合适的人来执行，所谓'术业有专攻'，任何专业的判断都不应该被制度完全取代，'没有规矩不成方圆'，但'匠无才，有规有矩，亦不成方圆'。内控制度的核心在于各部门、各岗位的具体管理活动，如果忙于走流程、走表单，会把好好的内控制度走成形式，成为死棋。"灵樭说道，看来林正东对内控

209

的误解不是一星半点。

"像我们这种中小型的创业公司，也用不了那么多内控制度，各部门把好关就行了。内部控制的制度多了，反而让人心生抵触。"刘洋说道。

灵棋心想，要不放弃算了，这看起来得说服整个管理层，内控还真是不招人待见。

"如果我们之前就对这种采购单进行编号控制，并向所有相关部门发放采购单复印件，交叉监督，还会出现这样的情况吗？如果张老按采购部的材料生产，等全部交货后又因为质量问题被退回而索赔的时候，对方会因为我们是小公司而不要赔偿吗？"灵棋想了想，还是把真心话说了出来。砥砺前行，大概就是这个样子吧。

"大公司需要内控，是因为它们更关心战略风险、管控风险、法律风险乃至投资风险等。而我们小公司同样存在着风险，市场风险、生产风险、质量风险……风险不一样，内控的方式也不一样，并不会因为公司小就不需要内控。

"比如前面说的应收账款的收款问题。建立客户信用评级，将回款与责任人薪酬绩效挂钩，就是解决应收账款逐渐增多的回款拖欠问题的有效方法。同时，建立客户档案也有利于管理客户，而不是将客户全部置于销售员个人手中，不至于出现个人跳槽公司灭亡的情况。让客户认可公司而不是认可个人，这就是内控制度。

"再说，任何制度的执行效果，都需要有效的监督体系予以监督，并随时做出调整改变。只有如此，才能顺应公司的管理需要。

"只要经营公司，就存在风险。"林正东认为风险是与生俱来的，不可避免。

"对，风险就是不确定性，是发生的损失与概率的乘积。且内控只能降低风险而不能消灭风险。"

"不能消灭风险的内控还有存在的必要吗？"

"即使是世界上设计得最完美的内控制度，也不能完全消灭风险。就像你刚才说的，所有经营都存在风险，这部分风险是与生俱来的，控制不了。我们只能通过内控制度来防止由于粗心大意或缺乏相关知识所造成的无意错误，而很难杜绝共谋和个别管理人员滥用职权及舞弊所造成的有意欺诈。

"还有一部分风险是控制了，但控制不住。设计的内部控制过于松懈，就不能保证合规性，不能提供有效可靠的信息。设计得过于复杂，会降低生产效率，无法带来价值增值。所以，想要有效控制，可以从控制原则、兼营性原则、重要性原则、灵活性原则和成本效益原则等方面入手。另外，主要的控制手段有预防性控制、检验性控制、改正性控制、指向性控制、补充性控制及补偿性控制。比如出纳小米不在，销售总监要出差借款，这时就由我这个财务经理和朵朵这个总账会计同时在场开取保险箱，而不是我们中的任何一人单独开取保险箱。

"当然这只是财务控制的一个例子，而财务控制仅是企业内部控制体系的一个部分。此外，内部控制设计可以通过职责分离，核对账簿记录与资产实际，以及只有经过授权的个人才能取到资产，以来保证资产安全。比如将人事考勤与工资计算相分离；将公司编制预算数与实际数进行对比，以此识别差异；定期地对费用业务进行随机抽样审查等。

"不过说到底，内控制度还是取决于领导的重视程度。如果领导都不重视内控，将其视为摆设或阻碍，那公司其他员工也会以同样的态度对待内部控制体系。"灵棋进一步说道。

"还是灵棋考虑得周全些，只靠个人的那点责任心来把控，这样的内控确实太过薄弱，人性从来经不起考验。"刘洋听到这里，总算明白灵棋的苦心了。以前总觉得内部控制是对人的不信任，甚至觉得会妨碍公司发展，现在看来，真不是这回事。

"谁都不喜欢紧箍咒，野蛮生长也是要靠实力的。尽快将内控方案提交董事会决议吧。"林正东想了想说道。

财务笔记

1. 一个有效的内部控制系统旨在为实现组织目标提供合理保证，包括经营的效率和效果，符合现有法律和法规的要求，以及财务报告的可靠性。

2. 风险是某项威胁发生的概率与发生后的损失的乘积。

3. 控制手段有预防性控制、检验性控制、改正性控制、指向性控制、补充性控制及补偿性控制。

4. 即使最好的内部控制也不能完全阻止财务舞弊行为的发生。这些控制只能提供合理而非绝对的保证。而其有效性也取决于执行内部控制的人员的能力和可靠性。

成立审计委员会

在灵樨的全力推动及林正东、刘洋的全力支持下,公司的内部控制体系进行了全面的改进升级。

董事会批准设立了审计委员会,主要负责公司内外审计的沟通、监督和核查工作。明确了公司审计委员会的主要职责,即代表董事会审核及监督外部审计机构是否独立客观及审计程序是否有效;就外部审计机构提供的非审计服务制定政策并执行;审核公司的财务信息及其披露;监督公司的内部审计制度及其实施;负责内部审计与外部审计之间的沟通;审查批准公司内部控制的决策和方案;编制内部控制说明书,负责沟通解释内控行为中各部门的纠纷争议。

林正东想让灵樨负责审计委员会,被灵樨拒绝了,并提出内审人员要坚持轮岗制。灵樨主要负责财务工作,而审计委员会的工作范围包括对财务报表进行审计,自己审自己,显然不符合内审的初衷,也不符合内审的独立性和客观性要求。

鉴于近期发生的采购部门的事件，林正东提出对公司进行一次全面的内部审计，以达到提高企业内部控制水平和进行风险管理的目标。他要求对以下方面进行审计：公司的经营情况、工厂的生产情况是否正常，生产安全情况如何，法律法规等方面有没有被很好地遵循，对外披露的财务报表是否公允地反映了公司的营运状况和财务状况。他还要求对审计做出说明、提出建议和意见，并对营运、合同等方面做出重点审计。

审计人员按照指示，分别进行了营运审计、财务审计和合规性审计。并对此一一做出了说明。

一、在营运审计中，全面检查了公司的各项职能，以评估公司的营运效率和营运经济性，以及各项职能实现其目标的有效性。重点对流程展开评估以提高经营效率，降低不必要的浪费，从而达到节省时间、提高效率的目的。

建议建立严格的购买审批制度，明确审批权限，采取采购人员定期轮岗制度，使用信息系统加强库存管理，优化库存。在验收过程中发现异常应当及时上报，启用公示制度，确保采购信息公开、透明。如认为问题较为严重，可启动向董事会报告机制，杜绝舞弊现象。指定专人逐日根据生产情况及库存情况进行库存采购量分析，降低库存，同时详细登记存货明细账，并每月与财务部门核对，定期对存货进行盘点并编制存货盘点表。对不入库直接使用的，需经2人同时进行检验；对于退货产品，一律根据销售部门填写的退货凭证验收入库，同时根据相应情况进行修复或报废处理。

对于固定资产的采购要采取比质比价的办法，重要的固定资产要报经董事会批准。加强固定资产日常管理，对标签、明细、卡片等定期进行检查，建立维修保养机制，执行投保、移动审批制度。每半年由固定资产管理部门、使用部门、财务部门三部门成立盘点小组，对固定资产进行盘点，并根据盘点结果编制固定资产盘点表，做到账实相符。如不符，逐笔查明原因并共同编制盘盈、盘亏处理意见，根据审批后的意见进行相应调账。对于需要报废的，由使用部门提交书面报废单，报经批准后进行报废处理。

定期开展运营情况分析，在每月的总办会议上增加运营情况分析报告，便于及时发现存在的问题，及时查明原因并加以改进，坚决当场解决，对于不能当场解决的，给出解决方案和时间。

二、在财务审计中，审计人员评估了与财务活动相关的内部控制的充分性，通过给外部银行发询证函核对外部银行账户余额，对固定资产、存货等进行账实核对，对公司往来款客户进行逐一询证核对，并对交易的可靠性做出评价。加强对采购付款和销售回款及资金占用的管理，关注资金的使用情况，避免盲目扩张引发的流动性不足问题，以及可能导致的资金链断裂。对资产配置进行全面评估，避免由不合理的配置导致投资损失或效益低下问题，甚至陷入债务危机。

在成本费用方面，财务部门应会同相关部门对成本费用开支项目和标准进行复核，抽查个别费用开支情况，实时监控，发现问题及时上报。

增加环境保护策略，合理使用环保材料。

三、在合规性审计中，重点检查财务控制与营运控制，以明确这些控制是否符合现行法律、法规及行业标准的要求。对合同进行梳理，针对合同的执行情况进行分类汇总，指出合同中存在的风险漏洞，并提出解决这些问题的建议。

建议建立合同审核和内部会签制度，对合同文本涉及相关部门或人员的，应当履行内部审核会签程序。增强合同签署前的信用调查及主体资格调查机制，确保当事人有履约能力。

优化绩效考评制度，增加员工个人能力提升与绩效挂钩机制，关注员工健康，实施可持续发展的人力资源政策，完善人才激励制度，避免人才流失或经营效率低下。

建立信息管理系统、风险预警机制，突发事件向董事长汇报，确保得到及时有效的处理。拓宽内部报告渠道，鼓励员工为企业经营发展提供合理化建议，反映生产经营中的违规情况。

当林正东拿到审计委员会提供的审计结果报告时，他才明白灵楔为什么要不遗余力地推进内部控制改进了。他以为这个在自己全力操控下的企业正健康有序地运营着，却没想到暗地里隐藏着这么多他所不知道的风险，其中还有很多他认为是正常合理的操作。比如，他以为盘点就是财务的事，却没意识到这完全是带着内控风险的。这些操作可能导致的风险，就像平静的海面下早已暗潮涌动，遇风则起。幸好，他及时认识到了风险与不足，并做出了相应的改变。

财务笔记

1. 审计委员会由董事会批准设立，主要负责公司内外审计的沟通、监督和核查工作。

2. 内审的独立性：直接向董事会汇报；内审工作的范围和执行过程及结果不能受到干预；内审活动没有偏袒性。

3. 内审的客观性：内审人员应保持客观公正，避免利益冲突，定期轮岗。

4. 内部审计主要具有监督、评价、控制和服务 4 种职能，主要起到防护性作用和建设性作用。

什么时候做内控

"灵樨，审计委员会很厉害呀。"林正东看着手里的报告说。

"我说个故事吧。"灵樨说。

"嗯？你说。"

"魏文王问名医扁鹊：'你们家兄弟三人，都精于医术，到底哪一位最好呢？'扁鹊答：'长兄最好，中兄次之，我最差。'文王再问：'那么为什么你最出名呢？'扁鹊答：'长兄治病，是治病于病情发作之前。由于一般人不知道他事先能铲除病因，所以他的名气无法传出去。中兄治病，是治病于病情初起时。一般人以为他只能治轻微的小病，所以他的名气只在本乡里。而我是治病于病情严重之时。一般人都看到我在经脉上穿针管放血、在皮肤上敷药，所以以为我的医术高明，名气因此响遍全国。'

"扁鹊三兄弟就像是企业控制中的事前控制、事中控制和事后控制。事前控制就如长兄，病发之前就做出防范并将病因铲除。而大多数人觉得长兄不懂医术，就像大多数人觉得在风险发生之前就将造成风险的因素给剔除掉的人不懂管理一样，人们看不到错误的决定引起的后果，所以不相信错误的存在。事中控制就像中兄，因为发生了风险，这时管理者解决了问题，使风险没有进一步'发酵'，人们就觉得控制做得很好。而事后控制就像扁鹊，风险已经发生，危害已经造成，企业危在旦夕，这时再谈控制，元气也已经伤了，即使请如扁鹊般的神医来治，也有妙手不能回春的时候。"

林正东听后沉思了起来："事前控制都有什么？"

"制度的建立。有效执行的制度能给一切管理提供保障。比如财务上的预算管理，就是事前控制，从预算中知道公司未来发展的需求，事先安排资金，做好方案，提前计划，避免出现资金跟不上需求的现象。还有授权、审批制度也是事前控制。

"事中控制是从业务发展中的成本管控着手的，在目标实现的过程中及时得到反馈，与目标进行对比分析，及时解决过程中发现的问题。比如投资决策控制。

"事后控制主要就是结果的分析考核了，如绩效评价、内外部审计等。最佳的内控是防止问题的发生，'不战而屈人之兵'才是最高境界的控制。"灵樧只是简单说了下内控的阶段，没有做过多的解释，她已经说了很多了，再多说就适得其反了。

财务笔记

1. 事前控制是一种预防性控制，控制者应事先深入实际，调查研究，预测出发生差错的问题与概率，并设想出预防措施、关键控制点与保护性措施。

2. 事中控制是指在采取行动执行有关控制目标或标准的过程中，可及时获得实际状况的信息反馈，以供控制者及时发现问题、解决问题、采取措施，预防纠偏。

3. 事后控制是指在实际行动发生以后，再分析、比较实际业绩与控制目标、标准之间的差异，然后采取相应的措施防错纠偏，并给予造成差错者以适当的处罚。

信息系统闹脾气了

"灵樨姐，审计委员会太厉害了，有的问题我们反复说都得不到解决，到他们那里一下子就解决了。"小米自从见识了审计委员会的工作能力，就十分膜拜。

"有时候，你要学会借力。"灵樨说道，"特别是财务工作，很容易让人有固执、不懂变通的感觉，不是你说的没道理，而是你让听的人不顺心，这样就很难推进一些工作。借力，不失为一种上策。"

"嗯，有时候就是有一种无力感。"小米的脸上露出了深深的忧愁。

"那是你的能力撑不起你的野心，好好修炼。"灵樨打趣道。

"灵樨姐你快看，我们的财务软件怎么打不开了？"朵朵着急地说道。

"什么提示？"

"没有提示，就是点了几次都没有反应。"

"这期间你都进行了什么操作，系统或电脑有什么提示？"灵樨问道。

"之前我在录凭证，觉得电脑太慢了，就'杀了一下毒'，之后就打不开了。"朵朵回忆着之前的操作。

"朵朵，你是不是误操作了，难道杀毒会把软件'杀'没了？"小米不置可否。

"真的就是只杀了毒。"朵朵有些急了，争辩道。

"先别吵，先解决问题。"灵樨说着开始检查服务列表、电脑日志，"昨天下班前有没有进行电脑数据备份？"

灵樨看着没有吱声的两人，看出现在强调也于事无补，于是拿出自己的备份盘操作起来。如果这个不能用，就只能去拿林正东那里存放的备份盘了。她当时坚持异地存放，也是备不时之需，"防火防盗防痴呆"嘛。

灵樨估算了下时间，如果顺利的话应该不会太影响工作，但还是和林正东说明了情况。这件事也让她意识到自己对这两人的电子安全意识培养太过放松，这两天重点都放在了内部控制上，却忽视了财务信息系统的内部控制。

"朵朵、小米，你们是不是觉得信息系统的内部控制与财务无关？"

"不是，是我忘记了，你之前说过的，信息系统分财务和营运两部分，我们的内控应该做得更好的，这样才能让公司健康持续发展。"小米觉悟倒挺高。

"我不应该乱杀毒的。"朵朵也意识到了自己的错误。

"这不是乱杀毒的问题，你是不是私自安装了其他杀毒软件？"

朵朵没吭声，她用不惯公司安装的杀毒软件，就自己在网上下了个新的。

"我看有必要重申一下信息系统控制要求。使用人员不得擅自进行系统软件的删除、修改等操作，不得擅自升级、改变系统软件版本，不得擅自改变系统软件环境配置。定期检测信息系统运行情况，及时进行计算机病毒的预防、检查工作，禁止私自安装非法防病毒软件和私自卸载公司要求安装的防病毒软件。在自己的权限范围内进行操作，不得利用他人账号和密码进入操作系统，每月必须更换密码一次，离开工位前必须锁定或退出已运行程序。不得擅自调整、修改或删除系统中设置的各种参数。数据要定期备份，除自动备份，有时另需人工备份，重要电子文件需同步备份。"

灵樱又强调了一下信息系统控制的安全要求，内部控制管理不能松懈，有必要经常敲打敲打。同时，她会去信息部门要求提高一下网络访问限制。

> **财务笔记**
>
> 1. 信息系统按职能可以分为财务会计信息系统和营业信息系统。
>
> 2. 病毒预防控制包括：设置防火墙阻止外来风险，限制互联网接入权限，禁止私自安装非法防病毒软件和私自卸载公司要求安装的防病毒软件。
>
> 3. 备份控制包括：确保重要的系统数据进行备份，制订开发灾难恢复计划，检查备份设备和资源。

审一审合同吧

"灵樨,这是我们准备新签的销售合同,金额方面你看怎么表示比较合适,不能在合同层面埋下任何风险,特别是税收风险。这份合同比较重要,你顺道给把下关。"林正东临下班的时候给了灵樨一份合同,让她把关。

"灵樨姐,审合同不是法务的事情吗?"朵朵不明就里地问道。

"这你就不懂了吧,你看林总是要招名法务的意思吗?"

"林总刚只是让灵樨姐看看金额,以及有没有什么税收风险。"朵朵老实地说道。

"所以说呀朵朵,这听话听音的功夫你还得多练练。"小米由衷地建议道。

"在企业人员有限的情况下,让财务审查合同也是常见的情形。因为合同里有价格,有开票信息,管理者们认为让财务把关是无可厚非的。正好你们都在,就趁这会儿时间和你们说说审查合同的事吧。要明白如何审,有什么思维和技巧。"灵樨眼看她俩又要杠上了,于是说道。

"最常见的就是合同价格,一般我们都要标注清楚含税或不含税,这样在涉及印花税的时候就避免了被按照含税价格计征的风险。但合同的审查并不是只看合同价格和开票信息这么简单的,首先我们要知道合同审查的目的是什么。你们说合同审查是要达到什么目的？"

"嗯？"小米和朵朵都被这突如其来的一问给问蒙了。

"防止一些风险吧。"小米脑袋瓜子转得快,她刚听灵樨说到要避免税收风险。

"不错,这确实是很重要的一个目的,还有另外一个重要的目的就是——促成交易。如果你只盯着风险看,也不管自己所处的谈判地位如何,把合同中存在或者可能出现的风险都防范住了,但当对方看到你的合同后直接吓跑了,你这项交易还能完成吗？"

"哈哈哈哈哈。"

"所以说,合同审查的目的主要是保障交易能够顺利进行,且合理规避或降低潜在风险。当然你的交易必须是合法的。"

"放心吧灵樨姐,这点脑子还是有的。"

"别大意,脑子这东西,也是我们审查合同的主要依靠,审查合同一定要多动脑去想。比如我们看到公司有一份房屋租赁合同一次签了25年,且到期自动续租。你怎么看？"

"这说明我们公司的发展前景好；一次签25年的话,房租也可以便宜些。"小米不假思索地说道。

"说明你没动脑。租赁合同的租期最长不得超过20年,超过20年的,超过部分无效。即使到期自动续租,约定的租赁期限自续订之日起也是不得超过20年的。这份合同有两个约定是无效的。"

"哦哦,还有这茬儿,记下了,记下了。"

"其次还要多动眼看,多动嘴问,多用心去学去练,这样才可以审好合同。"

"那我们要怎么审，有没有什么步骤、方法之类的？"小米赶紧问道。

"我们审查合同主要是看合同背后的交易模式，合同的结构、条款以及用词。比如交易模式，需要我们知道常见的几种合同交易模式，如货物买卖合同、房屋租赁合同、货物运输合同、保证合同、委托合同、借款合同、转让合同、咨询服务合同等，这些也都是我们在公司经营中经常会碰到的。在合同的结构方面，我们主要是看该合同是否条款齐备，有没有漏项，如果有遗漏的条款就需要补齐。还有就是看合同的条款之间是否具有逻辑性，这里的逻辑性主要体现在合同条款的前后顺序和表达方式上，是不是前后矛盾或重复，是不是文不对题，是不是有顺序颠倒的情况。比如前面已经约定的，后面就不要重复了。又比如把违约责任写在交货方式项下，再比如把运输方式排在货物明细前面，这些都是结构混乱的表现。该补的补，该删的删，该修改的修改。有时候我们按照自己的日常生活经验和思维习惯去罗列、表述这些条款，本身并没有对错，只是可能会影响到阅读和理解，所以我们还是要注意一下合同结构的逻辑性的。你要实在不知道该怎么排列顺序，就想想我们写作文的时候先主后次、层层递进的方式和步骤。

"有没有列举呀，这样我们心中也可以有个数。"小米想了想，她实在不知道怎么去理解这个先主后次、层层递进。

"比如一份合同最少要有主体，有正文，还要有签字画押的日期。拿合同主体来说，你最少要知道合同的当事人是何方人士，姓甚名谁，家住哪里，怎么联系，有没有身份证明，是自然人就要有证明身份的身份证、护照之类的证件号码，是法人就要有统一社会信用代码。这样主体的内容就有了。

"主体是介绍合同当事人的，所以一定要全，要规范严谨。正文是围绕合同双方是为了什么签订合同，自然就要有合同标的，以及关于合同标的的数量、质量、价款或者报酬。还有合同要如何履行，自然就要写明合同的履行方式、履行期限和履行地点了。如果发生违约了要怎么办？虽然我们签订合同都不想发生违约的事情，但万一发生了呢？所以还是要有违约责任以及解决争议的方法的，这些就构成了合同的正文。虽然合同有千万种形式，但正文大都逃不过这些，只是会根据合同的不同而发生一些变种而已。比如在货物买卖合同中，标的指的就是具体的货物；而在服务合同中，标的指的就是一系列的服务。

"至于合同的条款，就是建立在交易模式和合同结构基础之上的，是让合同内容具有可操作性的存在。在审查合同条款的时候，要注意会不会有无效条款，或者是免责条款的存在，比如约定的定金是否超过了合同标的额的20%，还有前面说的租赁期限的情形。看合同条款的过程，实际就是一个排查的过程。和我们签订合同的这个主体是真实存在的吗？什么时候成立的？有没有相应的证件？证件上的信息和合同中的信息一致吗？要是不一致以哪个为准？有没有资质，自己能做主吗，是否需要上级授权或者内部权力机构的授权？是否有涉及诉讼？如有，情况如何，有没有连带后果，是否会影响到我们之间的合同？是否在失信名单之列，能不能顺利完成合同约定？等你把这些问题都解决了，这份合同也就审得差不多了。

"再有就是合同的用词了。比如选用'定金'或'订金'就会带来两种不同的结果。'定金'是正规的法律用语，且具有担保性质；而'订金'是民间生活中的习惯用语，且不具有担保性质，只是充当了'预付款'的作用，也不能适用定金罚则。比如'支付'和'偿付'。有些人习惯用'偿付'来表示需要支付的金额，但这种表述是不恰当的，应当使用'支付'来表示。'按照合同总费用的 10% 来支付违约金'，这样的表述才是规范的表述。比如'从事'和'提供'，'从事××服务过程中'就没有'提供××服务过程中'的表述规范。比如关于合同权利义务转移的约定，要表述为'甲方将其在本合同中的权利义务概括转移给乙方'，而不能说成'甲方将其在本合同中的权利义务由乙方继承'。在涉及时间的表述上，一定要清楚明了，不能让人有歧义。要表述为'××××年××月××日之前'或者是'××××后××日之内'，'后'字的后面一定要有准确的数字，'后'一天也是后，'后'一年也是后，所以一定要准确。还有涉及担保时，一定要把保证责任、保证期限约定清楚，不要用口头语，也不要语义笼统。比如在担保合同中，要用房产做担保时，一定要表述清楚该房产的价值，承担的担保金额，担保的期限。在现实生活中我们习惯性表述为'以名下一套房产作为担保'，这就很容易让人产生歧义了。首先房屋的价值是随着市场情况变动的，其次提供的担保金额没有表述清楚，这就为将来埋下了诉讼争议风险。

"你们看这份合同里的这句'乙方提供的商品应该符合国家质量标准，如验收后对商品质量有争议的，由双方协商解决'，其用词就是有争议的。"灵樨刚好翻到合同中关于争议的部分，看到这句就顺便拿它当了例子。

"我怎么看着没什么毛病呀。"小米听着没问题，又看了一遍，还是没发现哪里表述的有问题。

"我也没看出来。"

"这个就属于约定模糊，这里的'协商'一词就是模糊用词。"

"可是一般不都是协商解决吗？"朵朵不解地问道。

"所以我们才是一般人呀。"小米打趣道。

"有可能可以协商解决，有可能协商无法解决，特别是在有争议的情况下，很可能协商不成。而在协商不成的情况下，就会出现无据可依的情形，这个时候就容易引发重大争议，影响合同的履行。所以在面对这样的问题时，就要在合同中明明白白地约定出解决的方法，并且明确约定出是哪个第三方机构。比如可以这样表述：'如果甲方对于质量有争议，可以委托第三方机构进行质量检验，以该质量检验结论作为判断商品质量是否合格的依据，双方约定的第三方机构为××××检测公司。'如果涉及损害赔偿，也要明确列出损害赔偿的计算方法，避免将来真的出现需要赔偿的时候，双方在赔偿金额上扯皮。

"另外还有标点符号的使用。你们看这里，本合同自甲乙双方签字盖章之日起生效'，我如果将其修改为'本合同自甲乙双方签字、盖章之日起生效'，意思一样吗？"灵樨指着合同的最后问道。

"一样……吧？"小米和朵朵也不确定地说道。

"有这个顿号和没有这个顿号完全是两个意思。前面没有顿号时，你可以签字也可以盖章；但加上顿号就变成了必须同时签字和盖章，签字和盖章就变成了并列的要求。还有在一个条款下约定有多项时，比如权利义务的约定，有时会有多项权利的表述，比如第一项、第二项、第三项等，这个时候每一项的结尾后面可以用句号，也可以用分号，但是不能一会儿用句号一会儿用分号这样交叉混合使用，必须统一。

"说起这个签字和盖章，这份合同中表述得也不够严谨。签字的地方在合同中属于签署页，是没有正文的，所以要特意在合同文本内容最后一句话之后标注出'无正文'的提示，然后紧接着下面是签字、盖章和日期。

"审查合同时，别光顾着防范风险，该争取的权利也要争取。比如在约定付款条款的时候，能分期就分期，收款赶早收，付款慢点付。特别是像在涉及股权转让的时候，合同签订后一次性支付和按股权变更步骤分期支付可是不一样的。根据股权变更步骤分期支付就会避免出现因股权变更登记无法完成而可能造成的资金损失。再比如在管辖权的问题上，要尽量争取在己方所在地人民法院管辖。"

"灵樨姐，你刚说的合同条款，是否所有的合同涉及的条款都可以一样？"

"肯定不一样呀，货物买卖和提供服务能一样吗？"朵朵难得呛小米一回。

"一份合同是围绕着交易目的来的，不论是货物买卖还是提供服务，所以不论是什么合同，都会涉及合同主体、合同标的、标的质量、标的价格、权利义务、违约责任、争议解决、保密协议等这些条款。合同主体已经和你们做了示例，再补充提醒一句就是千万不要写简称、写小名，你就大大方方地把全称、大名写上。如果法定代表人发生过变更的，一定要写变更后的法定代表人。对方如果是派了代理人，一定要有合法有效的授权书。另外这个住所地很多人搞不清楚，比如法人会有实际经营地和注册登记地，如果两者不一致，合同中是以实际经营地作为住所地的。

"合同标的上，除了合法以及表述规范，标的还需得是可以自由处置的。如果没有合法的处置权，则属于无权处分，将会影响合同的效力，致使合同效力处于待定状态。如果后期仍不能获得处分权，或者得不到权利人的追认，那么处分行为无效，也就会使我们的合同目的最终无法实现。而且没有处分权而处分标的，也会承担违约责任、侵权责任。如果合同标的已经被抵押，也会影响合同目的，比如被抵押给银行贷款的房屋，虽然有自由处置权，但是如果未能还贷，致使所有权变动的，承租人将无法向新产权人主张继续履行原租赁合同，这就会直接影响合同的继续履行。

"标的质量条款主要是对检验和异议的审查，除了明确第三方检验机构，检验费用的承担方式也需要明确。关于检验期限的约定要合理；如果对质量提出异议，要根据表面瑕疵和隐藏瑕疵约定不同的异议期限。表面瑕疵一般较短，如当场、7天等。隐藏瑕疵期限相对较长，如20天、30天等。根据检验的难易程度来定，不能一刀切地约定一个期限。对于提出质量异议的方式也要明确，避免出现扯皮争议。

"标的价格条款主要关注价格、币种、支付方式、发票等几个方面，价格是否含税。若约定了单价，则要明确单价标准以及相应的计算方式，注意价格是否偏离市场。如果支付的对价是债权债务或其他资源，要明确债权债务的性质及数额、资源明细及市场价值。如果是他人代付，要明确支付主体以及委托付款方和实际付款方。支付时间要明确，特别是分期支付的，要明确每一笔款项的支付时间。还要考虑有没有审批时间过长的情况，这个时间要预留好。比如公司支付款项需要层层审批，审批人多处任职，审批时间固定，一个付款审批下来就需要一个月，而合同约定付款时间为20天，这就形成了合同只要一签字就面临违约的局面。另外，开具发票要明确票种、税率、金额、开票时间。特别是开票时间，是先付款后开发票，还是先开票后付款，发票是否可以作为已付款的证据，这些要明确表示出来，以免出现利用已开具的发票作为付款证明而拒绝付款的争议。

"权利义务条款方面，比起权利，更应该注意义务，因为如果己方的义务过重，就会导致履约障碍，进而产生违约责任，所以这点一定要注意。合同的权利义务实际上都是围绕合同目的来的，明白了这一点，我们可以利用逆向思维来帮我们审查。首先找出你的合同目的是什么，列出来，以此为起点，然后倒推实现这个目的应该具备的条件，最后围绕条件来梳理权利义务。这样不仅快而且准。但要记得一定要瞄准核心目的，这才是你的底线，非核心目的的权利义务该让步就让步，该变通就变通，甚至也可以作为交易筹码。

"违约责任条款方面，约定的违约金不能过高或过低，毕竟约定违约金的目的是以补偿损失为主的，而不是为了惩罚对方。承担违约责任并不只有支付违约金这一种形式，还有继续履行、赔偿损失、采取补救措施等，所以违约责任要明确而具体。如果约定的是继续履行，还要把继续履行的时限、方式等明确下来。如果约定的是补救措施，那么采取何种补救措施，采取补救措施的时间、方式、效果等也要明确。如果是赔偿损失，范围和计算方式要跟着明确。如果是支付违约金，则要把数额和计算方式以及不足弥补损失的，违约方应当继续予以赔偿明确。违约金和赔偿损失在一般情况下不能并用。另外，对于定金，约定的定金一定要实际交付，否则定金合同不能成立。

"争议解决条款方面，通常是适用诉讼或者仲裁。可以选择诉讼，也可以选择仲裁，但是不能既约定诉讼又约定仲裁。选择仲裁的，要明确仲裁机构和仲裁事项，否则可能会导致仲裁协议无效。选择诉讼的，尽量约定在己方所在地有管辖权的人民法院管辖。仲裁实行一裁终局制，较之诉讼的两审终审制来说效率更高，在仲裁程序中，对仲裁庭的组成人员也有一定的选择权，而诉讼程序中对审判人员的组成是没有选择权的。可以根据合同情况自行决定。

"保密条款中，注意保密期限的明确，比如1年、2年、3年、5年、永久等。保密期限要覆盖整个交易期间及交易结束后的一段时间。"

"我们是不是直接在合同上修改就可以了？"

"可以直接修改，也可以另行拟定，具体要根据审查的情况来判断。但是有一点要谨记，那就是你只是审查合同，可以给出修改意见，但不能直接代替老板做决定。"

"那是自然，这点觉悟我们还是有的。"小米拉着朵朵拍着胸脯说道。不过这会她有点儿头大，"师傅领进门，修行在个人"，她还是找个地方先消化消化再说。

财务笔记

1. 合同审查的主要目的是防止风险和促成交易。

2. 租赁期限不得超过 20 年。超过 20 年的，超过部分无效。租赁期限届满，当事人可以续订租赁合同；但是，约定的租赁期限自续订之日起不得超过 20 年。

3. 当事人约定，争议可以向仲裁机构申请仲裁，也可以向人民法院起诉的，仲裁协议无效。

4. 定金的金额不能超过主合同标的的 20%，超过部分不产生定金效力。实际交付的定金数额多于或者少于约定数额的，视为变更约定的定金数额。定金合同自实际交付定金时成立。

08 预算管理怎么做

来一个全面预算吧

暑去冬来，转眼一年也要过去了，内部控制制度改进后，除了刚开始时的些微抵触，大家反倒觉得工作起来更顺畅了，起码那种推责拖延的现象少了很多。林正东这日找到灵樨，打算做明年的预算了。

"灵樨，预算是不是要安排下去了，也快到年底了。"

"嗯，我也在考虑这个问题，就怕最后沦为财务部门的'独舞'。"

"此话怎讲？"林正东诧异，灵樨从来都是积极去面对问题的，在行动前把所有可能的问题都考虑得清清楚楚并给出解决方案，从来都是 A 方案加上 B 方案、C 方案的。虽说有计划赶不上变化的时候，但她总能把变化的应对方案先列出来，周全且自信。

"你知道通用公司吗？"灵樨没回答，反而问起了林正东。

"知道。你想说'杰克·韦尔奇死结'吧？我记得他在自己的回忆录中说过预算这事。"

"嗯，他说预算是美国公司的祸根，它根本不应该存在。制定预算就等于追求最低绩效。你永远只能得到员工最低水平的贡献，因为每个人都在讨价还价，争取制定最低指标。预算就像一把双刃剑。本来预算的目的是帮助管理企业并完成企业的战略目标的，但它却很容易变成年初抢指标、年末抢花钱的闹剧。各部门都挤破头想要争取到自己最大的利益，除了申报预算和花钱的时候能看到各部门积极合作的身影，平时基本上找不到他们。大家都认为预算是财务的事，于是就变成了财务部门自己关起门来编制一堆表格，各部门依然是该干吗干吗，既不切实际，又毫无意义。"

"你是觉得预算无用？"

"不，恰恰相反，预算是一个很好的实体营运计划和控制工具。从管理角度来说，它能让企业认真地审视未来，思考企业未来的发展方向，能提升部门间的沟通与协调性，还可以让管理者知道企业的发展有没有偏离走向，员工有没有全力以赴。但是，这些都是建立在大家真正了解并支持预算的前提下。"灵樨说道。很多时候，不是方法不好，是人为制造的阻碍太多。

"预算有太多的不确定性了，它本身就是建立在各种假设之上的，所以预算的理论容易懂，但真正要做好却很难，是一个众志成城的课题。每个企业的预算制度都是量身定制、独一无二的。经济条件、行业状况、组织计划等这些看似与企业生产经营不沾边的因素，都与预算的编制有着千丝万缕的联系。所以在制定预算时必须关注各项经济指标，包括决策过程的财务影响以及竞争状况。"灵樨接着说道。

"比如？"林正东想让灵樨说得更详细些，他脑子里有个念头一闪而过。

"你可以先问问自己：公司的战略目标是什么？长、短期规划又是什么？又如何将此目标与预算编制联系在一起？还有，公司本身存在着什么风险能影响到预算编制的流程？又有哪些方面会影响到预算结果？我们有哪些竞争对手，我们与它们的不同点是什么？大环境下的市场乃至经济发展会对我们造成怎样的影响？行业有没有新的标准出现，如有会对我们产生什么影响？这些问题看似高远，但却切实影响着公司的整体战略。而只有将预算的编制与整体战略相结合，才能使预算的编制更为有效。成功的预算是有着其自有特征的，比如：预算必须与公司战略保持一致，否则就只是自吹自捧；公司高层必须充分认可所编制的预算；员工应将预算视作一种规划、沟通及协调的工具，而不是控制或压缩的手段；预算应能起到激励作用，促使员工为实现组织目标而努力工作等。此外，你还应该知道，当预算绩效与实际绩效不同时就会产生预算松弛，而中低层管理人员是最可能导致预算松弛的人员。"

林正东算是听明白了，灵檓说了这么多，无非就是想让他明白：预算不是一个人的事，而是公司整体的事；不是简单编张预算表就完了，而是要落实为各个部门、各个环节、全员参与的活动。要让预算真正发挥它的作用而不是徒有一个形式，他需要重新认识下预算了。

财务笔记

1. 全面预算是企业对一定期间的各项生产经营活动做出的预算安排，一般包括经营预算、资本预算、财务预算。

2. 预算是一个实体的营运计划和控制工具，它通常被用来确定在一段时间内为实现实体的目标所需要的资源和投入。

3. 预算松弛：因担心完不成预算而在预算中给自己留有余地，表现为高估成本费用，低销售收入。

如何编制预算

"咱们公司需不需要也成立一个预算委员会？"林正东突然说道。

"如果可以就再好不过了，一般大型公司都会专门成立一个预算委员会。预算委员会的规模取决于公司规模，预算委员会可以指导公司的预算编制工作，核准监控预算，检查或修改预算。"灵樨说道。

林正东点点头，没再说什么。

"灵樨姐，那预算到底要怎么编呀？"朵朵挺好奇。

"一般是确认公司战略后，根据长期规划确认近一段时间的目标，然后下达各个部门，各部门根据总目标及自身情况编制部门预算，然后层层上报审批汇总，要么通过，要么修改。"灵樨简单说了下过程。

"开始执行后就不能变了吧？各部门怎么把控呀？"小米也问道。

"有些预算必须严格执行，有些在特定的环境下允许修改，还有些可以频繁改动。不过一旦允许修改，势必会让有些人不把预算当回事，所以一般预算修改的门槛会很高。另外，各部门的预算除了要根据总目标及自身情况，还需兼顾市场价格变化、外部行业的变化、生产流程的变化及员工的变化等因素，以此来保证预算数据的可靠性及准确性。"

灵樨看着朵朵茫然的眼神，知道她并没有真正理解，于是说道："预算编制的起点一般有两种，一种以销售为起点，一种以利润为起点。以销售为起点的预算是以销售收入为主导指标，以利润和现金回收为辅助指标，先预测销量，然后根据单价算出销售收入，再分别编制销售预算、生产预算、成本预算、利润预算、现金预算等模式的一种预算方法。这种方法比较贴近实际，以销定产，所以使用的人较多。不过它忽视了成本管理，所以编制时要多加重视成本及现金回收等因素。而以利润为起点的预算就是以利润为主导，以销售收入为辅助的一种方法。先编制收入预算、成本预算，然后反复调试平衡，直到实现利润目标为止。采用这种方法比较冒险，容易过分追求利润而不贴近实际，不管是财务风险还是经营风险都较大。"

"要是我也选第一种，只考虑利润不是摆明了是压榨吗？就算企业发展健康，也不会长远。"小米颇老成且有见地地表达着立场。

"完整的预算顺序是：销售预算—生产预算—直接材料预算—直接人工预算—间接成本预算—销售成本预算—期间费用预算—现金预算—预算利润表—预算资产负债表—预算现金流量表。"灵樨边说边画出了流程图。

"咦，是先有预算利润表呀？"

"对，先是经营预算，再是财务预算。销售部门先预测明年的销售情况，然后得出销售预算，再配合库存预算得出生产预测，再进行生产成本预算，也就是料、工、费的预算，得出库存、成本费用预算，继而可以得出预算利润表等财务预算。"

"哦，这里料、工、费转库存，是不是还是你之前说的'期初库存 + 本期入库 – 本期出库 = 期末库存'这样的库存结转呀？将生产成本结转为成本？"朵朵看着流程图，想起了灵樨之前给她说的库存结转。

"记性很好嘛。"

"那我们要用什么样的方法去编制预算才好呢？"朵朵还真是一个问题接一个问题。

财务笔记

1. 预算编制可以分别以销售为起点和以利润为起点进行。

2. 库存结转：原材料的出库就是半成品的入库；半成品的出库是产成品的入库；产成品的出库是销售成本的确认。

该用哪种方法编制预算

"编制预算的方法有很多种,选最适合自己的就好。"灵樨说道。

"适合的?要试过之后才知道什么是适合的呀!"小米想起网络上的鸡汤文,什么要勇于尝试,要永不言败……

"如果真让你一种一种地试,你试得过来吗?"

"这些方法都是有自己的特征及优缺点的,在选择之前,你需要知道这些预算方法都是什么。常见的方法有零基预算法与增量预算法、弹性预算法与静态预算法、滚动预算法与定期预算法。之所以这样一对对地说,是因为它们按不同的特征可以分成三组。"

"哪三组呀?"

"笨呀,按照记忆法,肯定是相关联的在一起。"小米记得灵樨有一次教她快速记忆的方法,还给了她一本《利马窦记忆之宫》之类的书。

"零基预算法和增量预算法是从出发点不同来说的。从字面意思就可以知道,零基预算法的编制方法,就是从零开始编制一个全新的预算,它关注每一个预算项目在当期的成本的合理性，编制相对精确，避免了浪费。但也因为它耗时、耗力、成本高，而且每期都从零开始，完全不用以前的经验，也就没有了历史可比性。在面临下一个周期分配减少的情况时，就会发生提前用完当前预算的情况，适得其反。不过这种方法倒是挺受政府机构、非营利机构这样的单位喜欢的。

"增量预算法就不同了。它完全吸收历史经验教训，在前期预算的基础上做一些小的调整，从而得出下一期间的预算，比起零基预算法来就省时省力多了，但这也注定了它编制出来的预算数据准确性不高。比如说明预计年销量增加20%，你就可以考虑用增量预算法。

"再从业务量的数量特征不同来看，可分静态预算法和弹性预算法。静态预算也叫固定预算，是为特定产出水平建立的一个基准成本预算方法，它不可替代但又无法正确反映未来发生的改变，也就无法做比较分析了。所以这就限定了它的使用范围，它只适用于生产产品及业务稳定的企业。

"弹性预算法是在静态预算法的基础上加上一个能反映不同产量水平的成本行为，根据实际产出水平对预算的可变部分做出调整，而保持固定成本不变。也就是费用价格保持不变，销量和产量以实际为准，这也就决定了它的广泛适用性，人们几乎可以在所有与业务量有关的预算中使用它。一方面它有效地利用历史数据来改进对未来的规划，另一方面还方便做更细致的成本分析。可以说弹性预算法是毫无缺点的一种方法，如果非要说点不足，就是它太关注预算水平而忽视了是否达到销售目标的事实。

"再看定期预算法和滚动预算法。定期预算法就是以固定不变的会计期间作为预算期间编制预算的方法。因为预算期间和会计期间相一致，所以比较方便考评预算执行的结果，但其前后连贯性不是很强，使用起来也就比较'鸡肋'了。

"而滚动预算法是一个滚动前进的预算方法，它在每期的期末删掉已过期的那部分预算，加上新一期的预算，包含的时间跨度不变，整体却是滚动向前、持续更新的。一个预算期是 12 个月，就永远是 12 个月，不管是从 1 月开始还是 7 月开始。这也就使预算工作比较繁重，工作量着实不小。相应的一个预算期加一个预算期，前后相关性也就比较强了，适合有大把时间和精力来做预算的企业用来展望未来。

"除此之外还有作业预算法和项目预算法。这些预算方法并不是相互排斥、水火不容的，相反，公司是可以同时采用若干种预算方法的。"灵樨把预算方法挨个说了一遍，让她们心中也有个数。

"要我选就选弹性预算法。"小米听完就做出了判断。

"说说你的理由。"

"这就好比买礼物，不知道买什么的时候，买销量最好或名气最响的准没错。"小米的机灵劲儿倒是挺足。

"弹性预算法适用性最广。"朵朵也说道。

"在这点上，倒是有一个巧妙的方法可以用：销售需求波动比较大的公司就比较适用弹性预算法。比如我们每年都会出现销售淡旺季，建立在实际销量上的预算，更贴近我们的实际。"灵樨说道，这点倒是让小米和朵朵说对了，根据公司的情况，她是准备用弹性预算法的。

财务笔记

常见的预算方法主要包括零基预算法与增量预算法、静态预算法与弹性预算法、定期预算法与滚动预算法。

什么样的预算表才好用

经过几周的时间，各部门的信息汇总了过来。因为音箱的品种较多，各个品种的销量也不甚相同，如果按品种来编制预算，那工作量就会相当大。所以在综合考量之后，灵樨决定将信息平均化，准备按季度编制预算，再将季度分解到月份的话，也是简单快捷的。

灵樨看了下销售预测，每个季度的音箱销量分别是 530 个、560 个、540 个和 600 个，平均每件价格为 3300 元，这样就可以编制销售预算了。

销售预算表

项目	时段				
	第一季度	第二季度	第三季度	第四季度	全年
预计销量/个（1）	530	560	540	600	2230
预计销售单价/元（2）	3300	3300	3300	3300	3300
预计销售收入/元（3）=（1）×（2）	1,749,000	1,848,000	1,782,000	1,980,000	7,359,000

08 预算管理怎么做

"灵槯姐,这个预计销量是怎么来的呀?"小米总觉得这个预测没底,人为因素比较大。

"是根据统计分析方法计算出来的,比如回归分析法,同时也要依赖对市场和客户需求的准确把握,这可不能瞎编。它的两个要素是预计销量和预计销售单价。销售预算也是整个预算的基础,有了它才能往下进行。"

灵槯看了看生产部提供的生产进度表,上面写着年初的产品库存是10件,预算期年末需留存20件。

"生产预算要根据预计销量来确定,预计期末产品存货一般根据下期的销量确定,一般为下期销量的10%~20%。我们按下期销量的10%来核定。存货太多占用资金也多,太少可能造成缺货,一旦实际销量低于或高于预计销量,整个存货系统都会受到影响,这个比例要根据自身情况斟酌确定。"灵槯专门解释了这个比例该如何确定。

"预算生产量实际就是个等式公式。"

$$预算生产量 = 预算销量 + 预期期末存货 - 期初存货$$

$$预计期末存货 = 下期销量 \times 10\%$$

$$期初存货 = 上期期末存货$$

灵槯一边说着逻辑关系,一边开始编制生产预算表。

"现在不都追求零库存吗?"

"小米,理想很'丰满',现实很'骨感'。"

"零库存不是没有库存,而是一种库存策略,别被表面意思给迷惑了。"灵槯说道。

生产预算表

项目	第一季度	第二季度	第三季度	第四季度	全年
预计销量/个（1）	530	560	540	600	2230
加：预计期末存货/个（4）=（下期销量的10%）	56	54	60	<u>20</u>	20
需生产的数量/个（5）=（1）+（4）	586	614	600	620	2250
减：期初存货/个（6）	<u>10</u>	56	54	60	10
预算生产量/个（7）=（5）-（6）	576	558	546	560	2240

预算生产量 = 530 + 560×10%-10 = 576 个

生产预算只确定所要生产的数量，我们还需要确定生产这些产品需要的材料及采购这些材料的成本，这就得通过直接材料预算表获得。另外，生产这些材料的人工成本及未划入直接材料预算和人工预算的生产成本，则需要通过编制间接费用预算表来获得。

灵樨找出标准成本明细表，平均单位产品需用的直接材料是10个，直接材料的单位成本是190元。根据当前情况和销售预测估计了下期期初存货大约为300个，期末存货根据下一期期初的一定比例确定，灵樨按下期的10%来确定，预算期内期末存货估计为400个。根据这些信息基本上就可以确定直接材料预算表的内容了。

再找出与人工相关的信息，平均单位产品需要的直接人工工时是10小时，每小时人工工时成本是60元。也就是说，人工工时的单位成本是10×60 = 600元，再乘以预算期每季的生产量，就是每季的人工总成本。

在间接成本中，单位间接人工、间接材料、维修费和水电费分别是每件1元、1元、2元和1元，这些是变动成本，随着产量的变化而变化。而间接固定费用大多是固定不变的，如管理人员的工资、保险、折旧、租金等，这些不会随着产量的变化而变化，因此灵樨将这些费用平均分摊到各月，其中全年管理人员的工资是 21,000 元，折旧是 8400 元，保险是 1680 元，维修费是 2520 元。这个就是根据以往情况以及预算期的情况估计的值。

有了这些信息，直接材料、直接人工、间接费用都可以计算出来了，灵樨接着将电子表格往下排。

"灵樨姐，这些数据都是哪来的呀？"小米看着灵樨飞快地在 Excel 表格上点点点，她还没找着北呢。

"直接材料实际上就是确定生产这么多产品需要的材料成本，直接人工就是确定生产这么多产品会产生多少人力成本，而间接费用就是除了购买材料和人力的成本，还有多少跟生产这些产品相关的其他成本。这些数据一般可以通过标准成本资料获得，就是平时的生产成本统计明细。平时编制汇总的明细表越详细，用的时候就越省力。当然不是'胡子眉毛一把抓'，而是有的放矢，有针对性地进行统计。另外，员工的社会保险金及福利也是人工成本，千万别忘了。"灵樨提醒道。

"人是很贵的。"小米在想自己什么时候也能变成一个很"贵"的人。

"嗯，要让自己变成很'贵'的人才行。小米，我们一起努力呀。"

"所需材料和生产量的计算方法是不是类似的，加上期末减去期初？"小米触类旁通，此时灵樨也把公式也写了出来。

所需采购的直接材料＝生产中耗用的直接材料＋预期的期末直接材料存货－期初直接材料存货

生产中所需的直接人工工时数＝预期产量×单位产品所需的直接人工工时数

直接人工成本的预算额＝生产中所需的直接人工工时数×直接人工工时的单位成本

直接材料预算表

项目	时段				
	第一季度	第二季度	第三季度	第四季度	全年
预算生产量/个（7）	576	558	546	560	2240
平均单位产品需用的直接材料/元（8）	10	10	10	10	10
生产中需用的直接材料/个（9）=（7）×（8）	5760	5580	5460	5600	22,400
直接材料平均单位成本/元（10）	190	190	190	190	190
生产中耗用的直接材料的总成本/元（11）=（9）×（10）	1,094,400	1,060,200	1,037,400	1,064,000	4,256,000
加：预计期末存货/个（12）=（9）×（下期材料的10%）	558	546	560	400	400
减：预计期初存货/个（13）	300	558	546	560	300
需要购买的直接材料/个（14）=（9）+（12）–（13）	6018	5568	5474	5440	22,500
预计采购金额/元（15）=（10）×（14）	1,143,420	1,057,920	1,040,060	1,033,600	4,275,000

第一季度：

预计期末存货＝5580×10%＝558元；

需要购买的直接材料＝5760＋558－300＝6018元；

预计采购金额＝6018×190＝1,143,420元。

第二季度：

预计期末存货 = 5460×10% = 546 元；

需要购买的直接材料 = 5580 + 546 − 558 = 5568 元；

预计采购金额 = 5568×190 = 1,057,920 元。

第三季度：

预计期末存货 = 5600×10% = 560 元；

需要购买的直接材料 = 5460 + 560 − 546 = 5474 元；

预计采购金额 = 5474×190 = 1,040,060 元。

第四季度：

预计期末存货 = 400 元；

需要购买的直接材料 = 5600 + 400 − 560 = 5440 元；

预计采购金额 = 5440×190 = 1,033,600 元。

直接人工预算表

项目	时段				
	第一季度	第二季度	第三季度	第四季度	全年
预算生产量/个（7）	576	558	546	560	2240
平均单位产品需要的直接人工工时/时（16）	10	10	10	10	10
生产中需要的直接人工工时/时（17）=（16）×（7）	5760	5580	5460	5600	22,400
每小时人工工时成本/元（18）	60	60	60	60	60
人工总成本/元（19）=（17）×（18）	345,600	334,800	327,600	336,000	1,344,000

第一季人工总成本 =576×10×60=345,600 元，后面三个季度同理。

间接费用预算表

项目	分摊率	第一季度	第二季度	第三季度	第四季度	全年
预算生产量/个（7）		576	558	546	560	2240
间接人工/元（20）=（7）×分摊率	1	576	558	546	560	2240
间接材料/元（21）=（7）×分摊率	1	576	558	546	560	2240
维修费/元（22）=（7）×分摊率	2	1152	1116	1092	1120	4480
水电费/元（23）=（7）×分摊率	1	576	558	546	560	2240
间接变动费用/元（24）=（20）+（21）+（22）+（23）		2880	2790	2730	2800	11,200
管理人员工资/元（25）		5250	5250	5250	5250	21,000
折旧/元（26）		2100	2100	2100	2100	8400
保险/元（27）		420	420	420	420	1680
维修费/元（28）		630	630	630	630	2520
间接固定费用/元（29）=（25）+（26）+（27）+（28）		8400	8400	8400	8400	33,600

"预算表编到这里，就可以汇总出产品的销售成本了。产品销售成本预算有两种方法。一种是按全年成本算出单位产品成本，再分别乘以预算期的销量、生产量和期末库存，就可以得出预算期总的生产成本、期末库存和销货成本。

产品销售成本预算表（1）

项目	单位成本 单位量 a	单位成本 投入量 b	单位成本 成本/元（c=a×b）	生产成本/元（d=c×2240）	期末库存/元（e=c×20）	销货成本/元（f=c×2230）
直接材料（10）、（8）	190元	10个	1900	4,256,000	38,000	4,237,000

续表

项目	单位成本 单位量 a	单位成本 投入量 b	单位成本 成本/元 (c=a×b)	生产成本/元 (d=c×2240)	期末库存/元 (e=c×20)	销货成本/元 (f=c×2230)
直接人工（18）、（16）	60元	10小时	600	1,344,000	12,000	1,338,000
间接变动费用（24）/（17）	0.5元/时	10小时	5	11,200	100	11,150
间接固定费用（29）/（17）	1.5元/时	10小时	15	33,600	300	33,450
产品成本合计（30）			2520	5,644,800	50,400	5,619,600

间接变动费用＝全年间接变动费用/生产中需要的直接人工总工时
＝11,200/22,400＝0.5元/时

间接固定费用＝全年间接固定费用/生产中需要的直接人工总工时
＝33,600/22,400＝1.5元/时

销货成本＝2520×2230＝5,619,600元

"如果不分期编制预算利润表的话，利用这种方法可以很快速地算出预算期总的销货成本，从而减少预算编制的时间。另一种方法是通过期初成品存货成本加上本期发生的直接材料成本、直接人工成本及间接成本计算出来的。这种方法可以分期显示预算利润。

产品销售成本预算表（2）

项目	时段 第一季度	第二季度	第三季度	第四季度	全年
生产中耗用的直接材料/元（11）	1,094,400	1,060,200	1,037,400	1,064,000	4,256,000
生产中耗用的直接人工/元（19）	345,600	334,800	327,600	336,000	1,344,000

续表

项目	时段				
	第一季度	第二季度	第三季度	第四季度	全年
间接变动费用/元(24)	2880	2790	2730	2800	11,200
间接固定费用/元(29)	8400	8400	8400	8400	33,600
期初成品存货/元(31)	25,200	140,880	135,870	151,200	25,200
可供出售的商品成本/元(32)=(11)+(19)+(24)+(29)+(31)	1,476,480	1,547,070	1,512,000	1,562,400	5,670,000
可供出售的商品数量/个(5)	586	614	600	620	2250
可供出售商品的单位平均成本/元(33)=(32)/(5)	2520	2520	2520	2520	2520
商品销量/个(1)	530	560	540	600	2230
销货成本/元(34)=(33)×(1)	1,335,600	1,411,200	1,360,800	1,512,000	5,619,600
期末存货/元(35)=(32)-(34)	140,880	135,870	151,200	50,400	50,400

期初成品存货成本＝上期期末成品存货成本

第一季销货成本＝(1,094,400＋345,600＋2880＋8400＋25,200)/586×530＝1,335,600元

全年的期初成品存货＝预算期期初成品存货

全年销货成本＝(4,256,000＋1,344,000＋11,200＋33,600＋25,200)/2250×2230＝5,619,600元

"成本预算完成之后就要做期间费用的预算了。说是期间费用，实际上也就是销售费用和管理费用的预算，包含销售及管理部门人员的工资薪金、广告和业务宣传费、差旅费、业务招待费、交通运输费、法律与专业咨询服务费、营销运营费、办公水电费、房租等费用。

"销售费用会根据销量的变动而变化，需根据销售收入、销售费用和销售利润的关系分析计算。而管理费用中一些费用是固定不变的，可根据以往

的实际支出和可预见的变化来调整，另外也可以根据相关合同来确定。这部分费用也可看作可控费用，因为你可以根据自身的情况进行合理控制。比如节约办公区用电用水，尽量使用电子化文档以减少纸张的浪费等，都可以起到节约成本的作用。"灵樨把销售费用和管理费用的取数方法说了下。

期间费用预算表（销售费用、管理费用预算）

单位：元

项目	时段				
	第一季度	第二季度	第三季度	第四季度	全年
销售、管理人员工资（36）	184,000	200,000	200,000	216,000	800,000
市场营销费（37）	57,500	62,500	62,500	67,500	250,000
行政办公费（38）	46,000	50,000	50,000	54,000	200,000
产品支持费（39）	34,500	37,500	37,500	40,500	150,000
交通运输费（40）	46,000	50,000	50,000	54,000	200,000
期间费用合计（41）=（36）+（37）+（38）+（39）+（40）	368,000	400,000	400,000	432,000	1,600,000

"到此，成本费用的预算都编制完成了，下面就是财务预算了。财务预算都有什么预算表？"灵樨突然转头问朵朵和小米。

"现金预算表、预算利润表、预算资产负债表、预算现金流量表。"小米立马说道。

"我们先编制现金预算吧，现金的收付情况涉及公司的回款和付款计划。收账期越长，当期收回的比例越高；付款期越长，当期付款的金额越少。这样收得多付得少，当期的现金就越充足，现金越充足，公司越能良性运转。"

"嗯，你之前说现金流就是企业的血液，如果没有血液，即使企业有利润也会破产。"朵朵知道灵樨非常重视现金流。

"如果发现现金短缺就要及时筹集资金，借款、贷款、融资，能用的方法都不要放过，没钱的时候就是企业破产的时候。

现金收入表

单位：元

项目	时段					
	第一季度	第二季度	第三季度	第四季度	全年	下年应收
上年应收账款（42）	<u>207,700</u>				207,700	
销售回款（43）=（3）×（70%下月收回）	1,224,300	1,293,600	1,247,400	1,386,000	5,151,300	
销售回款（44）=（3）×（30%下月收回）		524,700	554,400	534,600	1,613,700	594,000
总现金收入（45）=（42）+（43）+（44）	1,432,000	1,818,300	1,801,800	1,920,600	6,972,700	

现金支出表

单位：元

项目	时段					
	第一季度	第二季度	第三季度	第四季度	全年	下年应付
上年应付账款（46）	<u>353,850</u>				353,850	
直接材料采购支出（47）=（15）×（当月收回60%）	686,052	634,752	624,036	620,160	2,565,000	
直接材料采购支出（48）=（15）×（下月收回40%）		457,368	423,168	416,024	1,296,560	413,440
直接材料采购支出小计（49）=（46）+（47）+（48）	1,039,902	1,092,120	1,047,204	1,036,184	4,215,410	
当月支付的直接人工成本（19）	345,600	334,800	327,600	336,000	1,344,000	
当月支付的间接变动费用（24）	2880	2790	2730	2800	11,200	
当月支付的间接固定费用（29）	8400	8400	8400	8400	33,600	
期间费用（41）	368,000	400,000	400,000	432,000	1,600,000	
预付税金（50）	<u>10,000</u>	10,000	10,000	10,000	40,000	
购买设备支出（51）						

续表

项目	时段					
	第一季度	第二季度	第三季度	第四季度	全年	下年应付
减：折旧（非现金费用）（26）	2100	2100	2100	2100	8400	
总现金支出（52）=（49）+（19）+（24）+（29）+（41）+（50）+（51）-（26）	1,772,682	1,846,010	1,793,834	1,823,284	7,235,810	

"按照公司的回款情况，当期收回销售收入的70%，下期收回30%，而付款账期是当期支付60%，下期支付40%，再加上上年的应收及应付账款，就可以计算出每期的回款和付款情况。"

"收款比例是不是就是收账期呀？"朵朵记得之前说过收账期的问题，还算过多少天回款最有利呢。

"这个是根据平时的应收账款的回款历史统计出来的，不直接等同于应收账款的回款期。平时把回款时间和销售收入做下汇总统计，看下自己当月回收的销售百分比，就可以知道公司的回款情况了。然后用收回的现金减去支付的现金就可以知道现金是否充盈了。"

现金支出 = 年初应付账款 + 直接材料采购支出 + 当月支付的直接人工成本 + 当月支付的间接费用 + 当月支付的期间费用 + 购买设备支出 + 预付税金 - 折旧

"为什么要减去折旧呀？"小米问道。

"折旧是费用，但是它不用支付现金，所以在统计现金支出额时要把折旧扣除掉。知道了现金收入和支出，就可以编制现金预算了。

现金预算表

单位：元

项目	时段				
	第一季度	第二季度	第三季度	第四季度	全年
期初现金余额（53）	<u>288,200</u>	41,268	7308	9024	288,200
加：本期现金收入（45）	1,432,000	1,818,300	1,801,800	1,920,600	6,972,700
总可供使用现金（54）=（53）+（45）	1,720,200	1,859,568	1,809,108	1,929,624	7,260,900
减：本期现金支出（52）	1,772,682	1,846,010	1,793,834	1,823,284	7,235,810
现金余缺（55）=（54）-（52）	-52,482	13,558	15,274	106,340	25,090
加：长期借款（56）	100,000				100,000
减：利息支出（57）	6250	6250	6250	6250	25,000
减：归还借款（58）					
期末现金余额（59）=（55）+（56）-（57）-（58）	41,268	7308	9024	100,090	100,090

"现金预算是用期初现金余额加上本期现金收入减去本期现金支出计算出来的。借款也是现金收入，而相应的借款利息和归还借款就是现金支出了。除了上一年我们借的长期借款150,000元，本年年初又借入了100,000元，利息同样是年利10%，分摊到各季度就是250,000×10%/4=6250元。

"期末现金余额就是资产负债表的资金年末数。这些表都是相互关联的，其实预算利润表和预算资产负债表就是前面预算表的汇总。"灵樨把相关数据关联到预算利润表中。

预算利润表

单位：元

项目	时段				
	第一季度	第二季度	第三季度	第四季度	全年
营业收入（3）	1,749,000	1,848,000	1,782,000	1,980,000	7,359,000
营业成本（34）	1,335,600	1,411,200	1,360,800	1,512,000	5,619,600
毛利（60）=（3）-（34）	413,400	436,800	421,200	468,000	1,739,400
期间费用（41）	368,000	400,000	400,000	432,000	1,600,000
利息（57）	6250	6250	6250	6250	25,000

续表

项目	第一季度	第二季度	第三季度	第四季度	全年
利润总额（61）=（60）-（41）-（57）	39,150	30,550	14,950	29,750	114,400
所得税（50）	10,000	10,000	10,000	10,000	40,000
净利润（62）=（61）-（50）	29,150	20,550	4950	19,750	74,400

"这个所得税金额怎么是 10,000 元，我们的所得税率不是 25% 吗？"朵朵算了下所得税，发现不是这个数。

"所得税数是估计的，做现金预算时先按利润规划估计。所得税存在着太多的调整事项，如果按利润总额和所得税率计算出准确的数字，就要修改现金预算，而修改现金预算又会影响利润表，势必会陷入数据修改的循环往复中。"

"哈哈，这是先有蛋还是先有鸡的问题？"小米突然问朵朵。

预算资产负债表

单位：元

项目	年初余额	年末余额	项目	年初余额	年末余额
货币资金	288,200	100,090	短期借款		
应收账款	207,700	594,000	应付账款	353,850	413,440
存货	82,200	126,400	流动负债合计	353,850	413,440
流动资产合计	578,100	820,490	长期借款	150,000	250,000
固定资产	143,750	135,350	非流动负债合计	150,000	250,000
非流动资产合计	143,750	135,350	负债合计	503,850	663,440
			实收资本	200,000	200,000
			资本公积		
			盈余公积	10,000	10,000
			未分配利润	8000	82,400
			所有者权益合计	218,000	292,400
资产合计	721,850	955,840	负债及所有者权益合计	721,850	955,840

"灵樨姐，预算资产负债表也能生成了吧？"朵朵没理小米。

"对，预算资产负债表是根据前面的预算表和预算开始日的资产负债表一起编制的。我们要编制下一年的预算，用的就是上一年年底的资产负债表。货币资金根据现金预算表确定，应收账款和应付账款根据现金收入表、现金支出表确定。存货需要根据直接材料和生产量以及销量计算一下，它包含直接材料和产成品。

期初存货＝预计期初存量×直接材料单位成本＋（期末存货＋预算期销量－预算期生产量）×单位产品成本＝300×190＋(20＋2230－2240)×2520＝82,200元

期末存货＝预计期末存货×直接材料单位成本＋预计期末存货×单位产品成本＝400×190＋20×2520＝126,400元

"固定资产年初数来自上一年年底的资产负债表，年末数等于期初数加上增加的固定资产减去减少的以及计提的折旧，可以从现金支出表中获得。未分配利润年末数等于年初未分配利润加上本期利润。"灵樨拣了几个数说了一下计算过程。

"这样，预算资产负债表就完成了吧？"

"别急，还要看下财务比率，如果财务比率表现不佳，还要对数据做出调整，并找出影响这些数据的原因，从而对生产经营做出调控。另外，利润是不是在可接受的范围内，现金流出的重点领域在哪里等问题，都需要分析关注。"灵樨补充道。

"这像是一个漫长的财务过程，不过很神奇呀！"朵朵当初看到各部门的预测数据时都不知道从何入手，现在竟然可以看懂财务报表，而且还能分析出数据的可行性，以及公司未来的经营情况。

"灵槺姐，我发现你这些预算只需要在有下划线的位置填上数据，后面的就根据公式自己计算出来了。"小米看到灵槺在编制的过程中都在设公式。

"这样方便以后修改和调整。你们俩可以自己编下预算现金流量表，毕竟'纸上得来终觉浅，绝知此事要躬行'嘛。"灵槺要求她俩不但要知道，还要能上手。

> **财务笔记**
>
> 1. 预算生产量 = 预算销量 + 预期期末存货 − 期初存货
> 2. 所需采购的直接材料 = 生产中耗用的直接材料 + 预期的期末直接材料存货 − 期初直接材料存货

预算不是数字加表格

"灵樨姐，预算表编制完是不是就完成预算了？"

"还没有，只能算完成了大部分的预算工作，还需要上报董事会，进行陈述和审批。如果董事会通过，觉得没问题，就下发执行；如果有问题，就需要做出调整。"

"怎么陈述呀？"朵朵很好奇要说些什么。

"将数字转化成文字，向大家说明一些重要的财务指标。如公司的战略与本预算的关系，本预算年度的总体目标，资产负债预算，资金准备情况，需解决的历史问题，融资方案，资金优化方案，可控费用降低目标，利润情况，等等，这些都要做出说明。

"比如关于利润情况，就要说明公司销售预测目标及其可实现的程度，并不是预测多少就能实现多少的。还要说明销售成本的总体水平，新产品的投入方案，采购方案及市场发生变化时的应对措施。然后是费用总量的可控程度及控制重点、手段措施等。还有公司盈利和税负的变化，税收筹划的考虑以及利润率水平等。

"在资产负债预算里，需要说明存货的结构及风险控制方案、存货控制目标、应收账款的控制情况、受市场的影响、风险的防控、固定资产的生产能力、增加投入的需求及相应资金的安排，另外还有总体负债水平、支付能力及需支付的情况、资金配套方案等。

"除了盈利情况，还要说明现金周转的情况、筹融资需求及方案。这等于是给公司做了一个展望和'体检'，并给出相应的解决方案。有钱，要把钱花出去；没钱，要能找到钱。"灵樨一一说明，满足朵朵的好奇心，她喜欢指导并全力支持上进的人。

"预算的思路和会计的思路还是不同的，会计是从原始业务到财务报表，而预算是站在会计之上的。你首先要对财务报表的组成非常清楚，谁影响谁都要心中有数。预算是牵一发而动全身，一个数据有问题，预算财务报表就可能不平衡。即使报表平衡，指标分析也要合理，而不是为了平衡而平衡。知道这些，你才能找到原因，并给出解决方案。如果只是知其然而不知其所以然，那把这些都放在你面前你也不知道怎么说。一项卓越的技能一定是'上面千条线，下面一根针'。别只看到针，也要重视线。只有打好'线'的基础，才能撑起那根'针'。"

"灵樨姐，你说预算是开始还是结束？"

"你觉得呢？"

"说不好，年初编完预算，公司按照预算执行，然后形成经济业务，汇成财务报表，中间还可能调整预算，再到财务报表，就好像一个圆。"朵朵觉得她的工作总是在"圆"里。

"像螺旋一样转着圈往前，而不是从起点到终点的圆。企业和人一样，都要循环向上，而不是周而复始，周而复始容易让人在'舒适圈'里'死亡'，忘记了圈外还有更多的可能。"

"嗯，人都是有惰性的。"

"小道消息啊，听说我们要融资啦。"小米突然压低声音说，那表情，别提多神秘了。

"预算现金流量表编出来了吗？"

"马上马上，这就做。"小米赶紧收起了"八卦"之心。

> **财务笔记**
> 1. 预算要经董事会或预算委员会审批通过才能执行。
> 2. 预算委员会要定期对预算进行审计，纠正预算执行中存在的问题。